元エン・ジャパンのトップコンサルタント直伝

評価されるになる技術

人事評価
コンサルタント
岡田洋介

ぱる出版

はじめに

■人事評価の主役は社員であるあなた

「頑張っているのになぜか評価されない」
「同期との評価の差がどんどん開いていく」
「どうやったら評価されるのか、給与やポジションが上がるのかがわからない」
「いつも評価の時期は憂鬱になる」

これは評価に対する声の一例です。あなたも、なんとなく「評価」に対して諦めていたり、苛立ちを感じていたりすることはないでしょうか。実際、ある調査によると、評価に満足している社員は20％未満という結果も出ています。多くの会社員が日々頑張っていることを考えると、非常にもったいない状況です。反面、きちんと評価され、周囲に認められていることを実感できると、充実感はもちろんのこと、その後のパフォーマンスも向上します。**評価は、私たちのやる気にも成果にも大きく影響を与えている**わけです。

にもかかわらず、会社側が、社員向けに人事評価との向き合い方を伝える機会をほとんど準備していないことに、私は以前から疑問を持っていました。人事評価コンサルタントとして数多くの企業を見てきましたが、経営者や人事向けには、人事評価セミナーや評価者研修が実施されています。しかし、社員向けには評価を学ぶセミナーはありません。**評価の主役は社員であるあなた自身**です。主役である社員が、人事評価の本質や向き合い方を理解しないことには、やる気も上がるはずがありません。

ではなぜ、会社側が評価の本質を伝えられないのでしょうか。理由は2つあります。1つは、人事評価の本質を理解している人が社内にいないということ。もう1つは、人事評価はセンシティブな部分が多く、社員が反発する恐れがあること。SNSが普及した現代においては、炎上の恐れもあります。だからこそ本書では、当事者である人事や上司が言いにくい「評価の本質とそこへの向き合い方」を生々しく伝えることにしました。

■「評価される人になる」ことが、これから時代の成功の鍵

ここで大切な事実をお伝えします。人事評価において、結果を出せば評価されると私たちは思っていますが、残念ながら結果を出しても評価されていない人がいます。もっと言うと、結果を出していないのに評価されている人もいます。評価において結果は大切ですが、それ以外にも強く影響している要素があります。それは、「上司」という要素です。一般的に、評価は上司が行います。そして、上司も人であり、感情を持っています。つまり、**上司というファクターの理解なくして、評価をされ続けることは困難**だということです。上司に恵まれればよいのですが、なかなか上司に恵まれないというのも現実です。だからこそ、評価を上司次第の運任せにするのではなく、**どんな上司であっても能動的に評価される技術が重要**になります。

変化が激しい時代においては、社内異動や転職で上司は定期的に変わります。複業（副業）も当たり前になってきているので、同時期に複数の上司（発注者）を持つケースも増えていきます。だからこそ、**「評価される人になる技術」があるかどうかが成功の鍵**にな

ります。実務スキルや専門性はすぐに陳腐化しますが、「評価される人になる技術」は働き続ける限り、役立ちます。まさに一生もののスキルです。

そして、「評価される人になる技術」があると、1回ごとの評価で一喜一憂しなくて済むようになります。なぜならそれは、**あなた自身が信頼され、一緒に仕事をしたくなる人になるための技術でもある**からです。

これからの時代は、「何をするか」よりも「誰とするか」の方が大切になってきます。あなたが行う仕事はどんどん変化していきますし、AIやテクノロジーの進化により、ジョブチェンジも当たり前になっていきます。その中で、あなたがやりたい仕事をしようと思うのであれば、あなたにお願いしたいと思われる必要があります。**あなたと一緒に仕事がしたいと思われることが大切**になります。もちろん仕事ですから、依頼されるテーマで一定レベルの価値が出せることが前提ですが、できる人ほど、「あなたが信頼できる人かどうか」を気にします。もっと言うと、「一緒に仕事をして楽しいか」を見てきます。

つまり、**成果を出す以上に、評価される人になる必要性がある**ということです。

■評価とは手段。評価の捉え方があなたのキャリアや人生を変える

「評価」にポジティブなイメージを持っている人はあまりいません。たしかに、評価と言うと、一方通行のイメージや勝手に決めつけられる印象があります。そんな私自身も、誰かに評価をされるのは好きではありませんでした。辞書を調べてみると、「評価」とは、値踏みや誰かに自分の価値を判断されることだと説明されています。我々は物ではありませんから、嫌な感じを持つのは当然です。

では、どうすれば「評価」と良い距離感で向き合えるのでしょうか。

答えは簡単です。**「評価は手段」だと捉えること**です。どうも我々は、その場の評価に一喜一憂してしまいがちです。でも、心から実現したいことがある時には、現状についてフィードバックをもらうことを感謝します。心が開いている時には、我々は評価を受け入れます。それは、あなた自身が実現したい未来に近づく上での大切なヒントがそこにあると思えるからです。

ちなみに辞書の最後の方には、「評価とは、ある事物や人物について、その意義・価値

を認めること」とも説明されています。そうなんです。評価とは、自分の意義や価値を認めていく行為に他なりません。自分の未来や、自分の可能性を引き出すために、**まずは評価の捉え方を変えてみてください。**活躍している人や評価される人はこの土台がしっかりしています。

私自身は、人事評価の専門家として、100社以上で指導を行ってきました。その経験から言えるのは、**過去のみにフォーカスした人事評価では、組織も社員も幸せになれない**ということです。「未来につながる評価」が求められています。もちろん、評価は過去に対して行うものです。ここに**未来への期待があるかどうかが重要**です。評価を数式で表すと、「評価＝実績÷期待」です。**期待がなければ、評価はできない**ということです。そして、この期待の部分を上司も忘れがちです。公平に評価しようとしている上司ほどそうです。だからこそ、自分自身がまずは自分に期待することが大切ですが、忙しいとメンバー本人も忘れがちです。

本書では、まずは前半であなた自身が上司の期待にどう応えるかのコツをお伝えし、後半では自分自身への期待の持ち方をお伝えしていきます。

第1章 なぜ今、「評価される人になる技術」が必要なのか

第2章

評価される人は「上司こそが最重要顧客」と捉える

第3章

評価する上司のホンネと接し方

第4章 評価される人だけが知っている「本当のアピール法」

第5章 自分のキャリアを豊かにする「じぶん評価基準」

第6章 評価される人になるための「とっておきの習慣」

ブックデザイン　土屋裕子（株式会社ウエイド）
DTP・図版　山中里佳（株式会社ウエイド）
企画協力　ネクストサービス株式会社（代表　松尾昭仁）
編　集　岩川実加

第1章

なぜ今、「評価される人になる技術」が必要なのか

01

これからの働き方は、「何をするか」ではなく「誰とするか」

あなたの理想の働き方ってどんなイメージでしょうか？

「たくさんお金を稼ぎたい」
「働く時間や場所を自由に選べるようになりたい」
「やりがいのある仕事をしていたい」
「そもそも仕事をしないで済むようになりたい」

どれが一番という話ではありません。人それぞれ、自分の理想の働き方があっていい。

大切なのは、自分の理想の働き方をきちんとイメージできているかどうかです。理想があれば、日々少しずつ工夫や改善をし、理想に近づけることができます。なんとなく働いている場合は、そうはなりません。日々自分を諦めてしまうケースが多いように思います。

現段階では、理想の働き方があってもなくても問題ありません。理想がある場合は、いかにそこに近づけるかのポイントをここでお伝えしていきます。逆に、まだ理想が曖昧な場合は、この本を読み終える頃には理想の働き方がイメージできているはずです。

ここで大切なことを1つお伝えします。

理想の働き方は人それぞれですが、**これからの時代に求められる働き方は、「何をするか」ではなく「誰とするのか」に移行していく**ということです。

これまでは、仕事選びという言葉があるように、何をするかが働き方を決めるための中心でした。どんな業界で、どんな事業をしている会社なのか、仕事や職種はどんなことを任されるのかをもとに仕事を選んでいました。私自身が学卒での就職活動をした際も、コンサルタント職がある会社を中心に面接を受けていました。これは無くなりません。仕事選びにおいて今後も必要な基準だからです。

しかし、ここ最近、新たな働き方の基準が生まれてきました。それが、**「誰とするのか」という基準**です。私自身は人事コンサルティングを生業としていますが、どんなクライアントと組むかはかなり慎重に選んでいます。理由は2つあります。1つは、人材に対する価値観が合わない経営者と組んでも、中長期での効果は小さいからです。そしてもう1つは、私自身が楽しくないからです。一緒に取り組むクライアントの楽しさも全然違っているように見えます。

これはどんな立場の人にも言えます。実は**「誰と働くか」が、仕事の満足度にも、パフォーマンスにも大きな影響をもたらします。**そりゃそうです。あなたはプライベートにおいて、嫌な人と一緒にいるでしょうか。価値観が合う人と過ごす時間の方が圧倒的に楽しいはずです。これは、仕事においても全く同じです。

とはいえ、これまでは「誰と働くのか」を選ぶことは、なかなかできませんでした。しかし、この状況に変化が生まれ始めています。**誰と働くかを選ぶことができる環境が整い始めている**のです。その要因は大きく3つです。

1つ目は、リモートワークの普及が進んでいることです。これまでは物理的な距離がネックとなり、遠くの人とは一緒に組めないことが多くありました。しかし最近は、オンラインで瞬時につながることができます。スマホの普及も大きく、いつでもどこでもコンタクトがとれ、仕事を一緒に行えるようになってきています。

2つ目は、SNSの普及です。FacebookやLINE、X（旧Twitter）やInstagramといったSNSツールを複数活用するのが当たり前の時代になっています。そこでは、新たなつながりが増えやすくなっています。会ったことがないのに、仲良くなっている人がいたりするわけです。それらのつながりが仕事に発展することも増えてきています。

3つ目は、複業（副業）をする人が増えてきていることです。終身雇用の時代は、一度入社してしまうと、会社も、仕事における人間関係も、会社員には選ぶ権利はありませんでした。その後、転職が普及していく中で、まず会社を選ぶ権利を個人が獲得しました。そして、複業（副業）が奨励される流れが生まれてきました。複業（副業）では、業務委託という形式が多くなります。そこでは、知らない人よりも信頼できる人の方が安心なため、個人のつながりから業務契約になるケースが圧倒的です。誰と仕事をするかを選ぶことが、より一般化してきているわけです。

この流れに乗らない手はありません。**あなた自身がより楽しく毎日を過ごし、より成果を上げて評価されるには、「誰とするのか」がポイント**になります。

そして、あなたが好きな人や信頼できる人と一緒に何かをするには、その大切な人たちにあなたが選ばれる必要があります。つまり、評価される必要があるということです。だからこそ、本書で言う**「評価される人になる技術」があるかどうかが仕事や人生を左右する**わけです。

「評価される人になる技術」は決して受け身なものではありません。自ら主体的に関わることが求められます。だからこそ、日常のあらゆる場面で役に立ちます。この章では、まずはその背景やマインド面を見ていきます。

02 複業（副業）時代に成功する鍵は「応援したいと思われる関係づくり」

　では、これからの時代における成功する働き方とは何でしょうか。

　ここを考える上で大切なのが、時代のトレンドを押さえることです。いくらあなたが頑張っても、時代に逆行してはうまくいきません。逆に、**時代の流れを理解すれば、追い風に乗ったようにうまくいきます。**

　働き方にも大きな流れがあります。まずは、今がどういう時代かを簡単に理解してしまいましょう。特に、企業と個人の関係の変化を押さえておくことが必須です。時代と共に、企業と個人の関係はどんどん変化してきています。

　１９８０年代までは、〝終身雇用〟が当たり前の時代でした。一生のうちに勤める企業はほとんどの人が1社であり、企業と個人の関係は、企業側の方が圧倒的に強い状況でした。当然、勤務地の決定や職務の決定権も、企業側が握っていました。転勤の辞令が交付されて、1週間で赴任なんてことが当たり前の企業も多くありました。

1990年代以降、〝転職〟が徐々に当たり前の時代になりました。一生のうち、何回かの転職をし、勤める会社が変わるのが、今では当たり前になっています。私自身、前職では転職を支援する企業に勤めていたので、そのあたりには敏感です。市場規模もどんどん増えてきました。企業と個人の関係も、できる社員であれば個人の力が企業より大きくなっています。

そして、現在はどんな時代でしょうか。**現在は〝複業（パラレルワーク）〟が徐々に当たり前になってきています。**同時期に複数の会社での仕事を受けることを複業と言います。似たような言葉で〝副業〟もありますが、副業はサイドワークや投資を行うといったニュアンスが強めです。複業は、本業を複数持つことを言います。複業をしている人は、自営やフリーランスのような雇用形態が多く、1社への依存度が小さくなります。企業と個人の関係は、完全に対等です。自由がききやすくなる半面、厳しい面も当然出てきます。

まとめると、**これからは同時期に複数の会社の仕事をする時代になっていく**ということです。企業と個人がより対等な関係になります。もっと言うならば、人と人とのつながりがより大切になっていきます。信頼関係が財産になります。結局、評価するのは人ですし、仕事を依頼するのも人です。

では、そんな複業時代に成功する鍵は何でしょうか？

一言で言うならば、**「評価される〝人〟になること」**です。

これまでは、任された〝仕事〟で評価がされてきました。いわゆる「仕事評価」です。いかに正確にミスなく業務を遂行するか、いかにより大きな成果を生み出すかが重要でした。仕事そのものの遂行度や成果が評価されました。評価のタイミングは、仕事をした後になります。もちろん、これからも仕事評価はされます。でも、複業時代に成功するには、新しい評価軸を理解することが必要となっています。それは、**発注したいと思われるかどうか**です。これを「期待評価」と言います。複業は業務委託契約が中心です。仕事を任せる前に、仕事を発注します。つまり、その〝人〟がどんな仕事ぶりで、どんな結果を生み出してくれるかの期待値で評価し、発注先を決めます。評価するタイミングは、仕事を任せる前です。

複業をしたい人や独立したい人からよく相談を受けますが、アドバイスはシンプルです。こういった相談を持ってくる方は、仕事評価はそれなりのことがほとんどです。専門性や実績を持っています。しかし、期待評価が高くない人にはすぐには複業や独立をオススメしません。期待評価が低い人は仕事が取れないので、成功しないからです。安易に「頑張れ！」と言うことは立場上できません。ところが、専門性はあるけど複業がうまくいかない人は、仕事評価が高いだけに勘違いを起こしがちです。**期待評価とは、〝仕事〟ではなく、〝人〟への評価**なのです。「あなたに任せたい」と思われるかどうかが分かれ目になります。

ここまで聞くと、俺は会社員だし、複業も独立も興味ないよという方がいるかもしれません。一見、その通りです。ただ、この複業時代という大きな流れが避けられないことを前提とすると、会社員こそ、「評価される人になる技術」を磨く必要があります。

理由は3つあります。

第1に、競争相手が社内の同僚ではなく、外部の複業人材になるためです。皆さんの成長につながる仕事や実績につながる重要な仕事は、できる複業人材との取り合いになります。そして、できる複業人材は「期待評価」されることに長けています。いくら皆さんに能力や専門性があっても、それを発揮できる機会がなければ評価されようがありません。

第2に、「任せたい」と思われる〝人〟になることが、中長期で評価を獲得していくためには非常に重要だからです。任せたいと思われる人は、応援したいと思われるようになります。同じ仕事やミッションでも、周囲に応援されて取り組むのと、孤軍奮闘で取り組むのとでは、どちらが結果を出しやすいでしょうか。

第3に、人脈の形成につながるからです。これからの時代は、人と人とのつながりがより一層大切になっていきます。会社員であっても、社内はもちろんのこと、社外に相談できる仲間がどれだけいるかが求められます。ナレッジマネジメントの用語に、Know-Who（ノウフー）という言葉があります。誰が知っているかを見える化し、検索できる仕組みのことです。個人で蓄積できる専門性や技術には限界があります。そのため、Know-How（ノウハウ）を身につけるよりも、知っている人に直接相談できることの方が価値があります。

そもそも、インターネットやチャットGPTでノウハウは簡単に検索ができます。でも**これから重要なのは、検索だけではわからないことへの知恵**です。私のところにも、できる経営者ほど頻繁に人事や組織面の相談をしに来ます。1人で悩むより圧倒的に速く、しかも状況に合わせた解決が可能になります。そして、こういった気軽に相談できる関係は、簡単には築けません。あなたという〝人〟を信頼している人しか相談にはのってくれません。だからこそ、仕事が評価されるよりも、あなた自身が評価され、応援したいと思われることが未来の人脈づくりにつながります。

仕事評価と期待評価

	仕事評価	期待評価
評価の対象	仕事	人（信頼）
評価基準	業務の安定性・成果	取り組み姿勢・専門性・実績
評価のタイミング	仕事をした後	仕事をする前
影響する期間	短期（仕事やプロジェクトごと）	中長期（一生に渡り蓄積）

今までは仕事を完了してから評価をされてきました。**これからは、この人に仕事を任せたいと思われる評価を受けることが大切**になります。

03

人事評価の満足度がやる気と出世を左右する

あなたは、今の自分の人事評価に満足していますか？

「頑張ってもどうせ評価してもらえやしない」
「会社の人事評価に文句を言っても無駄」
「どうやったら評価が上がるかわからない」

このような声を本当によく耳にします。「満足している！」と即答する人はほとんどいません。データとしてもこれは表れています。ある調査によると、「会社の人事評価に満足していると答えた人が19・0％」という結果が出ています。つまり、日本企業の会社員の多くは、人事評価を諦めているとも言えます。

そして、その調査結果には続きがあり、その内容に私は衝撃を受けました。

そこには、「人事評価に満足している人は、職場への満足度が85・1%」なのに対し、「人事評価に満足していない人は、職場への満足度が17・4%」と非常に低い結果が出ていたのです。つまり、**人事評価への満足度が、社員のやりがいに大きく影響している**ということです。

私たちは、社会人になると多くの時間を「働く」ことに費やします。もちろんプライベートも楽しんでよいですし、仕事は生活の糧と割り切る人がいてもよいと思います。ただ、仕事の時間の満足度が高い方が人生は幸せだと私は思っています。なぜなら、ほとんどの人は、人生の半分近くは「働く」ことに時間を使うからです。

人生の大半を費やす職場での満足度を上げるためには、「人事評価の満足度」を上げることが肝です。もちろん、仕事の成果を上げることや業務をしっかり行うことが前提です。その上で、成果を出しているのに評価されない人や、真面目に頑張っているのに評価されない人を多く見てきたのも事実です。評価される人と評価されない人にはその土台部分で大きな違いがあるのです。その差は、あなた自身が、「評価される人になる考え方と技術」を持っているかどうかです。

評価される人は、評価結果は自分の力で変えることができると捉えています。会社のせいとも、上司のせいとも捉えていません。もちろん、会社や上司の影響を受けることはありますが、それが全てだとは思っていません。**評価されない人は、いくら頑張っても、評価結果に自分は影響力がないと諦めてしまっています。**会社の決めた人事制度が良くないとか、上司が理解してくれないとか、評価されない理由を自分の外に設定しています。

ところが、ほとんどの企業では、自社の評価基準や評価ルールについては教えてくれても、「評価される人になる考え方や技術」については、教えてくれません。サッカーの指導で言うならば、キックやパスやフォーメーションに関して厳しく教え、評価もするのに、サッカーの楽しみ方を教えていないのと同じです。

私たちは日々仕事を頑張っていますが、それは誰かに感謝されたり、喜んだりしてほしいからです。それは自分の喜びにもなります。**評価される人になるということは、誰かに感謝されるということであり、仕事をより楽しめるようになるということ**です。だからこそやりがいや仕事のパフォーマンスが上がり、収入や出世にもつながりやすくなります。

人事評価について満足しているか

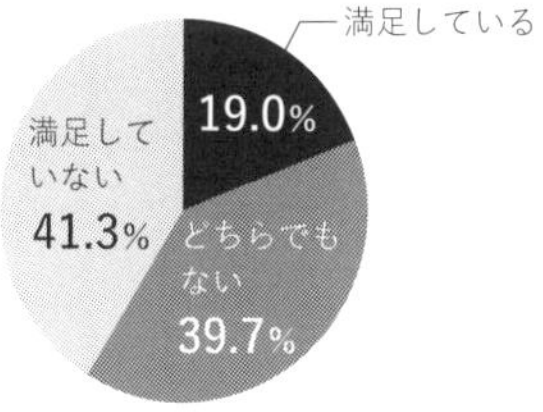

人事評価結果に納得感がある人の職場満足度状況

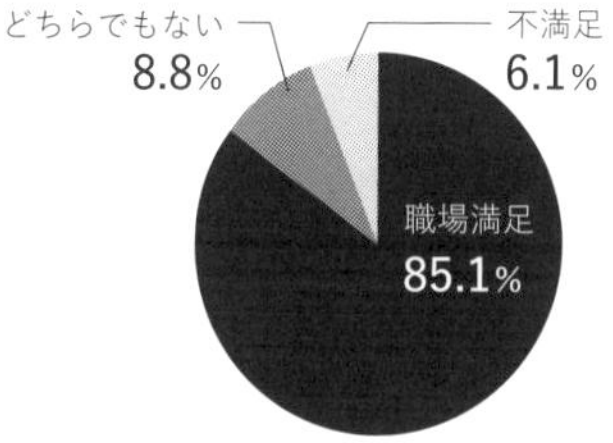

人事評価結果に納得感がない人の職場満足度状況

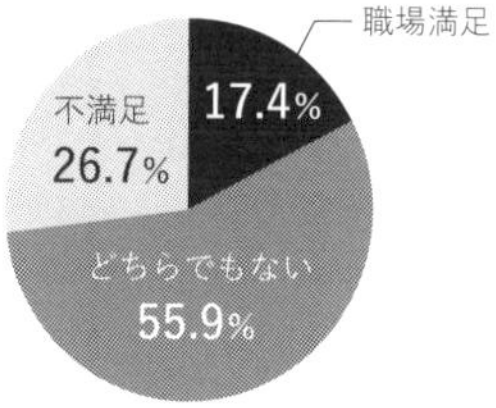

（参考）人事評価の満足に関するデータ
「人事評価」についてのアンケート
（「カオナビ HR テクノロジー総研」調べ）
https://corp.kaonavi.jp/news/pr_20191016/

04

上司に恵まれないからこそ「評価される技術」が求められる

「評価される人になる技術」があると、どんなメリットがあるでしょうか？

最も大きなメリットとしては、**どんな上司がきても評価されるようになること**です。正直、過去には私も、好きな上司もいれば、苦手な上司もいました。それが普通です。では、苦手な上司の比率はどれくらいでしょうか。この比率は人によると思いますが、良い上司と言えるのは、だいたい10～30％くらいというのが、私が話を聞いた感覚です。10人に1～3人しかいないということです。

つまり、上司に恵まれないことは普通であり、上司への不満に時間を費やすのはもったいないということです。活躍している人に言えることは、どんな上司がきても評価されているということです。上司に不満を言うのではなく、上司を味方につけます。もちろん新入社員であれば、まだ社会や会社のことはわからないことだらけですから、上司次第でパフォーマンスが変わるということもあるでしょう。しかし、ある程度の経験を積んだら、どんな上司がきても評価されるようになることが大切です。それが、自分自身の力で仕事をするということです。**一人前とは、上司に関係なく活躍できる人のこと**を言います。

ちなみに、**どんな上司がきても評価されるようになると、どんなお客様がきても評価がされやすくなります。**これからの時代は、より信頼が大切になります。社内や社外からの評価を自ら高めることができれば、どこでも活躍できるようになります。

評価されるというのはどういうことか、図で整理してみました。

縦軸は、上司が評価することとしないことで分けています。横軸は、部下が力を入れていることとそうでないことで分けています。最も望ましいのが、【B】の相互満足の領域です。上司の期待していることを部下が頑張っている状態です。上司も部下もお互いに満

	部下が力を入れていないこと	部下が力を入れていること
上司が評価すること （部下に期待すること）	【A】 努力不足	【B】 相互満足
上司が評価しないこと （部下に期待しないこと）	【C】 不必要	【D】 自己満足

足する方向に向かいます。あなたの仕事がこの領域にあれば、あなたの頑張りは評価につながります。【C】の不必要な領域も、ある意味上司の期待に応えています。期待していないことに時間を使うのはお互いにとって意味がありません。

ここでポイントになるのが、【A】【D】の領域です。ともに、上司との間にギャップが発生しています。【A】の努力不足の領域は、上司が期待していることに部下は力を入れていません。上司の立場で言うならば、やってほしいことをやらない部下は当然、評価はできません。ですが、上司の説明不足と部下の確認不足が原因で、意外に多くの人がこの領域に陥っているケースを見かけます。

【D】の自己満足の領域は、上司が期待していないことを、部下が一生懸命に頑張っている状態です。努力をしているし、工夫もしている。成果も出しているかもしれないのに評価されないわけです。これは非常にもったいない。こちらも、互いのコミュニケーション不足が原因でこの状況が生まれます。そして悲しいかな、【A】【D】の状態にハマる人は、毎回この状態が起こります。そして、上司に不満を持ちます。

この図で大切なことは、**仕事の出来の問題で評価されていないわけではない**ということです。上司と部下の期待のズレが問題を引き起こしているのです。つまり、成果の問題ではなく、その前段階での対話の問題だということです。

では、あなたの仕事を【B】の相互満足の領域だけにすることができたらどうでしょう。これであれば、頑張った分だけ評価されます。**大切なのは、【B】の状態を自らつくり出すこと**です。これが「評価される人になる技術」です。これらを駆使することで、常に信頼が蓄積していきます。そして、より高度なレベルになると、どんな上司であっても評価されます。どこで仕事をしても通用するようになります。

05

人事評価への「間違った認識」があなたの評価を下げている

私は、人事評価コンサルタントとして、人事制度の構築や導入の支援をすることが仕事です。評価の調整会議のアドバイザーとして、数多くの企業の現場に立ち会ってきました。調整会議では上司のホンネが飛び交います。そこでわかったのは、**いくらきちんと基準をつくっても、評価するのは人**だということです。基準の解釈は上司次第です。会議でも、表面上は評価基準をもとに部下の評価根拠を説明します。でも結局、自分のために働く社員を引き上げようとしていることがわかります。つまり、「えこひいき」です。

この経験も含め、私は人事評価がどのように決まるのかを研究するようになりました。頑張っても評価されない人もいれば、頑張らなくても認められる人がいます。そして辿り着いたのが、**「人事評価への間違った認識」の存在**です。

例えば、「人事評価は公平であるべき」というのが、人事制度設計の基本的な考え方です。これ自体は間違っていませんし、公平でないのはたしかに嫌ですよね。でも、ここに大きな罠が隠されています。**「人事評価は公平であるべき」とは、経営者や人事部の人が考えること**だという点です。当たり前ですが、不公平だと社員のモチベーションは下がりますし、不満や離職につながります。組織を健全に運営するには、公平性は非常に大事です。だからこそ、人事制度を不公平にしたいという経営者や人事部はいませんし、私も制度を設計する際には、公平性の確保を必ずアドバイスします。

でも、あなたはこの認識で人事評価を捉えてはいけません。

実は**「人事評価は公平であるべき」と考えていることが、あなたが認められない原因**なのです。なぜそうなるかと言うと、そこには「人事評価はデジタルに行える」「評価のバラツキはなくせる」という思い込みが隠されているからです。

会社に限らず、何かを公平に評価する際には、やっていることが同じ種類である必要があります。例えば、体操やフィギュアスケートはともに採点競技です。審査には複数の審査員が必ずつきます。審査のプロが採点しても評価が分かれるためです。同じ競技においてでさえこの状況です。いわんやビジネスにおいては、同じ部署でもいろんな職種がありますし、同じ職種でもやっている仕事はまちまちです。**この状況で、公平性を確保することが無理**なのはおわかりでしょう。

ちなみに、公平性を求めすぎると、「他者との比較」をするようになります。そして、他者比較をすると、上司から嫌われます。もっと辛いのは、同僚からも嫌われるようになることです。「他部署の○○さんより評価が低いのはなぜですか？」「同僚の○○さんはなんで私より上なんですか？」と言っている社員と、あなたは一緒に働きたいでしょうか？なぜこの思考法が嫌われるかと言うと、他人を蹴落とす思考法だからです。**あなたにとって大事なのは、他人を蹴落とすことではなく、〝あなたの評価を上げる〟こと**です。

これらは、人事評価の間違った認識の一例です。この後は、人事評価の間違った2つの認識を順番に解説しながら、実力以上に評価される人になるために必要なマインドを順番に見ていきます。

06

評価が劇的に変わるマインド①
上司が一番のお客様

【マインド①】評価されない人は「人事評価は公平にすべき、成果を出せば報われる」と考え、評価される人は「上司をお客様と捉え、ボス満足度（ＢＳ）が最優先」と考える

人事評価の間違った認識の１つ目は、「人事評価は公平にすべき、成果を出せば報われる」というものです。前項でもお伝えしましたが、**私たちは人事評価に淡い幻想を持ちすぎ**です。もちろん、経営や人事の立場では、公平性や納得感の確保は最重要テーマです。

でも、社員がそれを前提にすると、悲劇がたくさん起きます。

「会社は俺の頑張りをわかってくれていない。だから給与が上がらない」
「上司は俺のことが嫌いなんだ。だから、評価が低い」

この「人事評価は公平にすべき、成果を出せば報われる」という教えにハマってしまっている人の多くには、その前提として「自分は成果を出している。人よりも頑張っている」という心理が隠されています。

給与制度変更の説明会をすることがあります。その際に必ず伝えるのは、「今回の給与制度の変更では原則、給与は増減しません。増減が起こるのは、評価によってです」ということ。なぜかと言うと、「給与制度が変わると自分は給与が上がる」と思う人が本当に多いからです。裏返すと、みんな仕事を頑張っているし、それを見てほしいと思っているということです。ただし、厳しいことを伝えると、給与や賞与の原資が同じであれば、誰かの賞与が上がるということは、誰かの賞与が下がるということです。

では、どのような認識を持てばよいのでしょうか。

評価される人は「上司をお客様と捉え、ボス満足度（BS）が最優先」と考えています。ここには2つの大切な考え方が入っています。

1つは、**上司をお客様と捉えるということ**です。評価に不満を持つ大半の人は、上司をお客様と思っていません。上司をマネジメントができない人として見ています。もちろん、上司に至らない点があるのは事実でしょう。でも、上司も人です。全てを完璧に行えるスーパーマンではありません。そして最も大事な事実は、**上司はあなたの評価者である**ということです。つまり、給与の決定権は上司が持っています。業務委託で仕事を受ける立場であるならば、上司はお客様です。ここをまずは認識することが大切です。

最悪のパターンは、上司を攻撃してしまうことです。もちろん、多少の愚痴や不満は誰にでもあります。でも、上司を攻撃するレベルは大問題です。皆さんはお客様を攻撃するでしょうか。してしまうと、仕事はなくなります。それは上司も同じです。社外のお客様は大切ですが、**あなたの仕事の直接の発注者は上司であり、一番のお客様は上司**です。

ここで私自身のエピソードを紹介します。

私は会社員時代、当時の経営トップから自社の人事評価制度の再構築の仕事を任されました。正直に言うと、最も受けたくない仕事だったのを今でも覚えています。自社のことですから、社内の人間関係やしがらみが当然あります。現場の気持ちがわかります。また、当時の経営トップは私が新卒で入社した頃から可愛がってくれた方でもあり、私にとっては親父同然の尊敬できる方でした。経営と現場の狭間で揺れ動いて、両者の想いを汲んだ人事制度が構築できるか不安がありました。

そこで、私が仕事を受ける際に決めたことはたった1つ。**コンサルタントとして仕事をする**というものです。社員ではありましたが、その気持ちは捨てました。社員の立場でいると、経営にも現場にも悪い意味で期待をしすぎてしまいそうだったからです。経営者も現場もお客様と割り切ることにしました。まずは、経営層の想いや課題認識を徹底的にヒアリングしました。現場にも同様のことを行いました。そうして、「察してほしい」を断ち切った瞬間、全てがうまく動き出しました。顧客として向き合い続けた結果です。

もう1つの大切な考え方は、**ボス満足度（BS）が上がるポイントを理解する**ということです。例えば、社外のお客様にもいろんなタイプがいらっしゃいます。正確にきっちり進めることを好む人もいれば、頻繁にやり取りをしたいと考える人もいます。新しいアイデアや挑戦が好きな人もいれば、地道にコツコツ積み上げるのが大切だと思う人もいます。期待する結果は同じでも、そのプロセスで期待することはまちまちだということです。それがあなたへの評価に反映され、継続的な発注につながったり、そうでなかったりします。

ボスである上司が期待することも人によってまちまちです。結果だけ出せば、プロセスには一切興味がない上司もいれば、結果だけでなくチームワークや雰囲気づくりを大切にしたい上司もいます。まめに報連相をすることで安心できる上司もいれば、主体的に動いて失敗くらいしてほしいと思っている上司もいます。つまり、**仕事の結果だけで評価するわけではなく、結果以外の部分も評価に影響する**ということです。

具体的なコツは後ろの章でお伝えしますが、**評価される人のマインドを理解することが大切**です。上司をお客様と捉えると、見える世界が変わります。ボス満足度が上がるポイントを理解していけば、上司が安心して仕事ができます。この安心感が、皆さんの評価につながるということです。

07
評価が劇的に変わるマインド②
アピールは最重要の仕事

【マインド②】 評価されない人は「上司は部下の仕事ぶりを把握して当然」と考え、評価される人は「アピールは最重要の仕事」と考える

人事評価の間違った認識の2つ目は、「上司は部下の仕事ぶりを把握して当然」というものです。この認識も多くの人が持っていますが、評価はされません。完璧な上司など存在しませんし、一番残念なのは、他責の考え方になっている点です。**上司が把握してくれていないから評価されないというのは、自分でできることを放棄している**とも言えます。

特殊な分野の仕事をしている人の場合、こんな言葉をよく聞きます。
「上司はこの分野の経験はないでしょ。俺より専門性がない奴に評価されたくない」

上司が普段近くにいない場所で仕事をしている人の場合、こんな言葉をよく聞きます。
「俺の仕事なんか見てくれていないのに、なぜ評価ができるんですか」

たしかにみんな頑張っているし、それなりの成果を出していることでしょう。でも、伝えることを放棄してしまうと、評価はされません。

では、評価される人はどんな考え方で仕事をしているのでしょうか。

評価される人は、「アピールは最重要の仕事」と考えて仕事をしています。伝わるまでが仕事だと考えています。

仕事柄、研修講師をする機会が多いのですが、新入社員研修では「報告・連絡・相談」についてのセッションを必ず依頼されます。その中で必ず伝えるのが、**「指示を受けてから、報告するまでが仕事」**というフレーズです。でも、報告を怠るケースが実際には非常に多いのも事実です。特に、仕事ができるようになってくるとさぼりがちです。

そして、ここで伝えたいのは、**通常の報告は当然行った上で、アピールまでしている人が評価が高い**ということです。では、報告とアピールの違いは何でしょうか。

例えば、イベント活用による営業推進プロジェクトがあったとします。報告の場合は、プロジェクトの実績を伝えます。売上や新規の顧客との商談数など、事実がベースです。一方、アピールの場合は、プロジェクト期間にチャレンジしたことや創意工夫したこと、その取り組みをした意図を伝えます。そして、このプロジェクトを行った意味も伝えます。仮に目標の売上や新規の顧客獲得は達成できなかったとしても、これまでと異なるプル型の営業手法での土台づくりができた、ということなどは、会社の今後の財産になります。

アピールまできちんと行えるようになると、評価は必ず上がります。なぜなら、会社員でアピールが上手な人はあまりいないからです。そして、アピール力を鍛えると、仕事を俯瞰して見ることができるようになっていきます。仕事の意味を伝えようとすると、その仕事の位置づけを理解しておく必要があるからです。背景や全体像を理解するためには、上司との対話も必要となってきます。

ぜひあなたは「アピールは最重要の仕事」と考えて、あなたの価値をわかりやすく伝えていきましょう。

第2章

評価される人は「上司こそが最重要顧客」と捉える

01

出世したければ上司に贔屓にされろ

上司に「えこひいき」されろと聞いて、あなたはどう思うでしょうか？

「えこひいき」なんてけしからんと思った方もいるかもしれません。私自身も「えこひいき」という言葉には、不快感を持っていました。でも、「贔屓《ひいき》にされる」ことが大切だと言われたらどうでしょうか。「えこひいき」には不公平という意味合いがありますが、「贔屓にされる」には特別な人を応援するという意味合いがあります。

評価される人になる上で、最も大切なことは誰に評価されるかということです。**あなたが会社員である以上、評価のキーマンは上司**です。もちろん、お客様やユーザーに評価されることも大切ですし、後輩や同僚から評価されたいという気持ちもわかります。でも、目的が給与アップや出世なのであれば、上司から評価されることこそがその近道です。なぜなら、ほとんどの会社においては、**上司の評価が給与と昇進に結びついている**からです。

ここでよくある誤解を1つご紹介します。お客様に評価されることこそが最も大切だから、上司ではなくお客様に尽くすという考えです。これは一見、間違っていません。お客様に喜ばれなければ会社は存続しませんし、ほとんどの企業は社会貢献や社会課題の解決のために事業を営んでいます。ただし、お客様から評価されるといっても、それには2種類の喜ばれ方があります。会社が期待している喜ばれ方とそうではない喜ばれ方です。

例えば、IT業界の客先常駐の技術者でよくあるのが、お客様の満足度は非常に高いが、過剰サービスになっている、というケースです。たしかにお客様に喜んでもらっていますが、自社の利益率は下がります。ひどい場合は赤字になることもあります。極端な例に思われるかもしれませんが、多くの会社で起こっている現実です。**上司である管理職は、お客様の満足度と経営効率の両面において責任を負っています。**多くの場合、上司はメンバーよりもその狭間でもがいています。この温度差が誤解を生んでいます。

そして、上司の立場を理解しておくことも大切です。**経営からマネジメントを任されたのが上司です。評価も任されています。ある意味、経営の代理人です。**文句を言おうが、上司が変わるまではその事実は変わりません。そうであれば、評価のキーマンである上司の満足度を、優先順位の第1位にしないという選択肢はありません。

では、なぜ上司に「贔屓にされる」必要があるのでしょうか。

あなたがよく行くお店をいくつかイメージしてみてください。なぜそのお店に行くのでしょうか？　雰囲気、味、接客など、いろんな理由があると思いますが、つまるところ、感覚的に好きか嫌いかに行きつくのではないでしょうか。好みは人によって分かれます。つまり、人が評価をする時の本質には好みが大きく影響するのです。

人事評価はもちろん公平に行うのが原則です。でも、上司に好かれることはとても大切です。なぜなら、人は好きな人を応援したくなるからです。**贔屓にされるとは、応援されるということ**です。応援されるからこそ、価値を生み出しやすくなりますし、自分のしたいことが実現しやすくなります。

02 贔屓にされるために、まずは上司を応援しよう

「贔屓にされる」とは、応援されることであるとお伝えしました。

上司が部下を評価する際に「好き嫌い」は大きく影響しています。上司に好かれる人は評価され、嫌われる人は評価されません。「好き嫌いで評価するのは間違っている」と人事評価システムを批判するのは簡単ですが、評価する上司も人間です。ですから、評価する時に無自覚に好き嫌いが反映されているという事実を前提にする必要があります。

その上で、上司に贔屓にされるということは、上司に応援されるということです。そして、**上司に応援されるために効果的なことは、上司を応援すること**です。応援されると人間は嬉しいものです。お返しをしたくなります。そして、応援にはいろんなアプローチがありますが、代表的なことは2つです。

1つは、**上司の目標達成を応援すること**です。あなたに目標や責任があるのと同様に、上司にも目標と責任があります。上司も上から評価されています。頑張っています。だからこそ、自分の部門目標をサポートしてくれる部下の存在はとても嬉しいものです。

もう1つは、**上司のこだわりを尊重すること**です。人それぞれ仕事の進め方にこだわりがあります。同じ目標でも、大切にしたいプロセスは異なります。人間関係を大切にしたい人、分析や根拠を大切にしたい人、ミスがないことを大切にしたい人など、いろんなタイプがいます。ここを尊重できるかどうかが、応援されるかどうかの分かれ道になります。

ちなみに、中小企業の行動評価基準は経営者のこだわりが反映されていることがほとんどです。私も、人事評価コンサルタントとして、中小・ベンチャー企業の人事評価制度の構築の仕事を行う機会が多くあります。そして、そういった企業の経営者に必ず質問することがあります。それは、「どんな人と一緒に仕事をしたいですか?」というものです。そして、その答えを評価基準に組み込んでいきます。

ポイントは、トップが何を大切にしているかということです。これはトップの好き嫌いであり、こだわりです。好き嫌いで人事評価を行うことはいけませんが、評価基準を好き嫌いで設定することは問題ありません。問題なのは、評価基準がないことです。評価基準があることで、その会社での出世や給与アップの基準を理解することができ、努力ができるようになります。評価基準がないと、それこそ上司の好き嫌いで評価することになり、公平性が確保できません。

中小企業の場合は、企業の文化をつくっているのは経営トップです。会社の理念やビジョン、目指していくビジネスモデルや組織像に合った企業づくりをする必要があり、その責任を負っているからです。どんな行動を増やすことでお客様に喜ばれるか、企業利益につながるかを最も考えています。そして、そのために必要なことが評価基準になります。論理的に基準が導ければよいのですが、残念ながら未来に向けて必要な要素は論理だけではつくれないのも現実です。中小企業の場合は、**評価基準の背後にある経営者のこだわりを大切にすると、トップに応援されやすくなります。**

03

目標設定の際に評価を高めるたった1つの質問

目標設定を行う際にありがちなのが、あなたが設定した目標と上司が考えている目標との間の乖離です。自分の中ではチャレンジングな目標を掲げているつもりが、上司にはそう見えないケースや、上司が高い目標を部下に押し付けてくるケースなどがあります。これは、**部門目標の達成を中心に考えている上司と、個人として目標を達成することを中心に考えている部下との間で生まれるギャップ**です。

こういった場合、目標設定の面談では、お互いに気を遣いながらギャップを埋めるところから始めるということになります。

では、その際には、どんなことに注意すればよいのでしょうか。ここでは部下であるあなたができる対応法を伝授します。

ここでの**ポイントは、ギャップを埋めることに注力しないこと**です。ある意味、逆転の発想が必要で、ぜひこう尋ねてみてください。

「上司である○○さんの目標達成のために、私ができることは何ですか？」

部下であるあなたが上司に贔屓にされるためには、上司の期待を理解することが重要です。その際に**大切なのは、上司に寄り添うという姿勢**です。上司は部門目標を課せられており、プレッシャーを感じています。部下に頑張ってほしいと思う反面、こんな目標を設定したら部下のモチベーションを下げてしまうのではないかという不安を感じていることは意外と多いものです。

部下は部下で、達成できそうな個人目標にしたいですから、せめぎ合いが生じます。そのやりとりが長くなるほど、お互いにストレスがかかってしまいます。目標設定の場が上司と部下の対立の場になります。これから今期を頑張ろうというスタートラインに立つ時点で、険悪なムードになるというのは、笑い話にもなりません。

そんな時に、先のような質問をあなたがしたら、上司はどのように思うでしょうか。自分のことしか考えていない部下と上司の不安に寄り添ってくれる部下、どちらが上司にとって嬉しいと思えるかは言わずもがなです。「あなたのために自分ができることを教えてください」と**寄り添う姿勢は、上司が具体的に期待していることを理解できると同時に、お互いにやさしい気持ちが伝播します。**結果として、余計なストレスが減ります。いかに目標を下げるか、いかに自分が楽をするかを前面に出してくる部下が多い中、上司の期待や不安を受けとめようとするあなたは、上司にとって特別な存在になります。

一方で、こんな質問をしたら、これ幸いと達成できないくらいの高い目標を課してくるのではないかと不安になる人もいるかもしれません。高く設定されると困りますし、上司の評価が低くなるのを恐れて、仕方なく受け入れてしまうのも嫌ですよね。

しかし、**ほとんどの上司はこのような部下に、無理難題は言いません。**なぜなら、手放したくないですし、嫌われたくないと思うからです。

とはいえ、ラッキーと思って無理な目標を押し付けてくる上司も稀にいます。実際は、この質問後に高い目標を設定する上司は、質問がなくても高い目標を設定してくることが多いので、この質問を使うこと自体がデメリットになるわけではありません。
もし、あなたが想定していたよりも高い目標を上司から期待されたら、次のステップを試してみましょう。

【Step1】寄り添う姿勢を見せる
「私ができることは何ですか?」

【Step2】なぜその目標が大切かを確認する
「なぜ、その目標が必要かの背景や目的を理解したのですか?」

【Step3】頑張りたい意思を伝えつつ、自分の力不足を素直に伝える
「何とかしたいと思いますが、自分ひとりでは難易度が高いような気もしています。
達成に向けた具体的なサポートもお願いしてよいでしょうか」

前向きに努力する姿勢があるかどうかが、まずは上司の理解を得る上で必要不可欠です。上司が期待しているのは、結果の前に頑張る姿勢があるかどうかです。だから、努力する姿勢をまずは見せましょう。その後に、不安な気持ちとともに、アドバイスを求めましょう。これは順番が大切です。

先に不安から伝えると、上司は言い訳をされているように感じます。でも、前向きな姿勢の後であれば、上司も素直に受け入れられますし、サポートをしたくなります。

上司もアドバイスができない場合は、受け取った目標は難易度が高いということです。その事実を理解してもらいやすくなります。

04 上司の苦手分野にこそチャンスあり

仕事柄、社員研修などで多くのビジネスパーソンと接する機会がありますが、上司への不満や愚痴を聞かないことはありません。かく言う私も、以前は不満や愚痴を言っていました。気の許せる同僚や友人の前だけで口にするのであれば、ストレス発散の1つとして有効かもしれません。不満や愚痴を言うことが全て悪いと言うつもりはありませんし、どうしても上司のことを好きになれない、嫌いだと感じることもわかります。

しかし、「上司を敵に回すのはもったいない」と言い切れます。**あなたの評価者である上司を敵に回したとしても良いことは何一つありません。**本章で何度も伝えているように、あなたは上司から贔屓にされる存在になる必要があります。応援される立場になることを目指す必要があります。敵に回った上司は、あなたを贔屓にすることもなければ、応援することもありません。上司との関係性の鍵は、あなたが握っています。**まずは、あなたから距離を近づける必要があります。**自ら距離を近づけてくれる上司もいますが、それでは上司任せというか、上司依存です。あなたには、どんな上司がきても評価されるようになってほしいと願っています。自ら近づくことができれば、応援したいと思ってもらいやすくなります。反面、上司の悪口や不満を言うと敵になりやすくなります。

ここで覚えておいてほしいのは、上司もひとりの人間だということです。苦手な分野やうまくできないこともたくさんあります。あなたの周りに、完璧だと思える人がどれくらいいるでしょうか。人は努力しないと粗探しをしてしまいます。自分が嫌だと思った部分は意識しなくても感じます。反面、良いところはその人に興味や関心を持ち、努力してじっくり探さないと見つからないと言われています。ましてや苦手意識があると、嫌な部分ばかりが目につきますし、新たな不満を見つけてしまいます。まさに悪循環です。

そこで、**上司の良いところ探しをするのがオススメ**です。良いところを見つけられれば、人として上司を見ることができますし、良好な関係づくりのきっかけになります。

また、苦手分野のリストアップというアプローチも有効です。これはかなり強力なアプローチですし、実践がしやすいとよく言われます。

まずは、**上司のダメなところをリストアップしてみましょう。そして、上司のダメな点を、そのまま上司の苦手分野であるという風に考え方を変えてみてください。**「なぜ、うちの上司は○○ができないんだ」を「うちの上司○○が苦手なんだな」と置き換えるのです。できないことに焦点を当てると怒りの感情に発展しやすくなりますが、上司の苦手分野を受け入れると理解が深まり、不思議と上司の行動を許せるようになります。

次に、**その苦手分野の中で自分がサポートできることは何かを考えます。**苦手分野を自覚している人もいれば、自覚していない人もいます。上司はこれまでの頑張りを評価された結果、今のポジションについています。ですので、良いところは必ずあります。そして、強みと課題はセットです。弱みを克服するというのは、強みをなくすことに近く、そう簡単ではありません。そこで、あなたはその上司が持つ苦手分野の中で、自分の強みを発揮してサポートできるものがあるかどうかを探してみてください。

具体的なサポート例には以下のようなものがあります。

例）

●**上司が得意なこと**：クリエイティブ、アイデアが豊富
●**上司が苦手なこと**：順序立てて整理する、細かく整える
●**あなたがサポートできる面**：上司のアイデアを具体化する、順序立てて整理する

●**上司が得意なこと**：戦略的、論理的思考
●**上司が苦手なこと**：共感力、心の機微を感じ取る力
●**あなたがサポートできる面**：対人関係で感情的な部分をフォローする

●**上司が得意なこと**：共感力、人の心を感じ取る力
●**上司が苦手なこと**：分析力、言語化
●**あなたがサポートできる面**：中期的な戦略策定、上司が発した言葉を言語化する

強みの裏返しが苦手分野となることが多いため、**あなたが上司と正反対の性格や仕事の進め方の場合には、その行動自体が上司をサポートする形になります。**上司と対話を行う中で、上司が苦手としている面を自分がサポートしますと宣言すれば、上司にとってのあなたは必要不可欠な存在となります。単にできていないことに焦点を当てて不満を言うのではなく、サポートする姿勢に自分を転換させるだけで、あなたの存在価値がグッと高まります。

上司の苦手分野が自分の苦手分野と重複している場合は、他の苦手分野にも焦点を当て、相対的に自分ができることを見つけることも大切です。上司から頼みにくいことを代わりに同僚へ伝えるなど、部下だからこそできることもあります。自分は上司のどこをサポートできるだろうかという視点で接してみましょう。

ちなみに、上司の苦手分野が全く見つからない、不満がないという場合はラッキーです。上司の得意分野と苦手分野があなたのそれらと似通っているということなので、自ずとあなたは他者よりも評価されやすい存在となります。

05

嫌な上司に贔屓にされるための3ステップ

あなたは、承認欲求と聞くとどんなイメージがあるでしょうか。

SNSの普及に伴い、他者の評価や反応を必要以上に気にする人がいたり、目立とうとする人がいたりする影響で、ともすればネガティブなイメージを抱きがちです。しかし、人間は社会的な存在であり、他者との関係や交流は欠かせません。他者から認められたい、認知されたいと思うのは自然なことです。社会の中で生きている実感を持つ上で、多かれ少なかれ人は承認欲求を満たそうとします。

いわゆる**「できる上司」は、部下のモチベーションの取り扱いが上手**です。その際にポイントになるのが、承認欲求、特に他者の承認欲求の満たし方です。具体的には、部下と人間的なやりとりができます。変にいばったりせず、人間として不足があるのは当たり前のスタンスで、部下とも接します。弱みをさらけ出すこともあります。人間性でもって人と接するため、他者からの信頼も高くなります。

かたや**「できない上司」は、この承認欲求の満たし方が下手くそ**です。部下のためではなく、自分の承認欲求を満たすために動いてしまいます。部下や他者に対してポジションパワーを使って命令をしたり、マウントを取ったりするなど、高圧的な態度を取る人が多く見られます。管理統制できる立場であるからこそ本当の自分を隠し、鎧を被っています。認められたいという気持ちが強いため、口調が強くなりがちです。高圧的に対応することこそが、他者を屈服させ、認められているという実感につながっています。

できる上司の場合は、それほど問題はありません。ここでは、「できない上司」にフォーカスします。それでも上司であることに変わりはないため、そのような上司からもあなたは高く評価される必要があります。では、**どうすればそのような「できない上司」を攻略できるのでしょうか。**その3つのステップをお伝えします。

【Step1】上司の嫌なところをリストアップする

まずは、あなたが思う上司の嫌なところを5個から10個ほど紙に書いてみましょう。箇条書きで構いませんが、多ければ多いほど、この方法は効果的になります。

例)

マイクロマネジメント

すぐに命令をしてくる

【Step2】リストアップした行動にポジティブな意味付けをしてあげる

①でリストアップした上司の嫌なところ、ネガティブな部分をポジティブな言葉に書き換えてみましょう。

例)

マイクロマネジメント→細かいところまで目が行き届く

すぐに命令をしてくる→責任感が強く、迅速に対応をしたいと思っている

【Step3】肯定的な言葉を上司に伝える

上司が実際にその行動を起こした際、書き換えたポジティブな言葉を口にして、上司へフィードバックしましょう。その際に重要なのは、自分が感じた気持ちも添えて伝えることです。「こんな風に感じました」という気持ちをフィードバックに添えると、上司は受け入れやすく、部下の言葉が嬉しくなります。

例）

細かいところまで自分たちのことを見てくれて嬉しいです、など。

これらは本章でも何度か言及している**「理解する」という姿勢を見せるための取り組み**です。本来は上司が部下に歩み寄るべきですが、必ずしもそのようなことができる上司ばかりではありません。特に、プライドが高い上司は自分から歩み寄ることが苦手です。高圧的、攻撃的な態度で接しがちです。

だからこそ、部下から上司に寄り添う姿勢を持つことが大切となります。**誰も近づいてこない上司だからこそ、近づいてこのような肯定的なフィードバックを行うことで、上司の印象が180度変わった時の効果は絶大**です。結果として、周囲の人たちより贔屓にされる存在になります。

自分を認めろと高圧的な態度で接してくる人の中には、本当はさみしさを感じていたり、孤独を感じていたりする人が多くいます。そんな風に上司を見てみると、不思議と高圧的だった上司に人間味を見出すことができるようになります。

最後にもう1つだけ付け加えさせてください。**上司を肯定する時の注意点としては、ゴマすりにならないようにすること**です。ゴマすりとは自分の利益を享受するために行動することであり、自分の得になることが最優先事項となるため、打算的になりがちです。上司も馬鹿ではありませんから、そういった気持ちで歩み寄ってくる人はすぐに見抜きます。言葉でいかに良いことを言ってきても、態度で感じ取ってしまうのです。

大切なのは、相手を理解し、良い関係になりたいという気持ちで、上司に接することです。

06 上司の評価を高めることもあなたの役割

あなたは自分の会社の経営層と直接話をする機会があるでしょうか。

朝礼、定例会議、社内の催しなど、会社によっては社員との交流を大切にする経営層もいるので、もしかすると頻繁にあるかもしれません。一方、少し大きな規模になってくると、経営層に会う機会は少なくなるかもしれません。

では上司の上長と直接話をする機会はどうでしょうか。それであれば、少しくらいは機会がありそうでしょうか。そんな場面が、今回のテーマを実行する機会となります。

やることは簡単です。**次に経営層や上司の上長と話す機会に、あなたの直属の上司への感謝を伝えてみてください。**

あなたの上司は、自分の上司には自己アピールがしづらいことがほとんどです。中には、自己アピールが得意そうな上司もいるかもしれませんが、できる経営層は、自分の実績や苦労話を自慢げに語る部下のことは信頼しません。あなたの上司もそれを知っているからこそ、自分のアピールをすることに躊躇しがちです。良く見られたいと思う気持ちが強ければ強いほど、自己アピールをすることができない状態に陥っています。

そんな状況だからこそ、**部下であるあなたが上司への日頃の感謝を、その経営層や上長に伝えるという行動が非常に意味を持ちます。**

「私の上司である◯◯さんは、日頃から私たち部下の面倒見がすごく良いんです」
「上司の◯◯さんは厳しさもありますが、落ち込んだ時も親身になって励ましてくれるんです」

上司への感謝の言葉を直接聞いた経営層や上長は、第三者であるあなたの言葉を信頼します。なぜなら、客観性があるからです。当然、あなたの上司の評価が高くなります。これは、心理学のウィンザー効果として知られており、第三者から間接的に聞く方が、直接聞くよりも信憑性が高まるという心理状態が大きく影響しています。

経営者層からの評価が高まると、経営者層は上司と会った時にこのように言います。

「君の部下が、君に感謝をしていたぞ」
「部下の○○さんは、君をすごく尊敬しているようだね」

経営者からのこの一言は上司にとって大きく、**上司はそれを経営者に言ってくれたあなたに対して感謝を示すようになります。**場合によっては、返報性の原理が作用し、自分を信頼してくれているあなたの評価が高まります。上長や経営層に対しても、あなたへの期待をたくさん話してくれるようになります。二次評価者へのアピールを上司がしてくれることにもなります。二次評価者はあなたに良いイメージを持ちます。つまり、**上司への日頃の感謝をその上長に伝えることが、まわりまわってあなたの評価につながる**わけです。

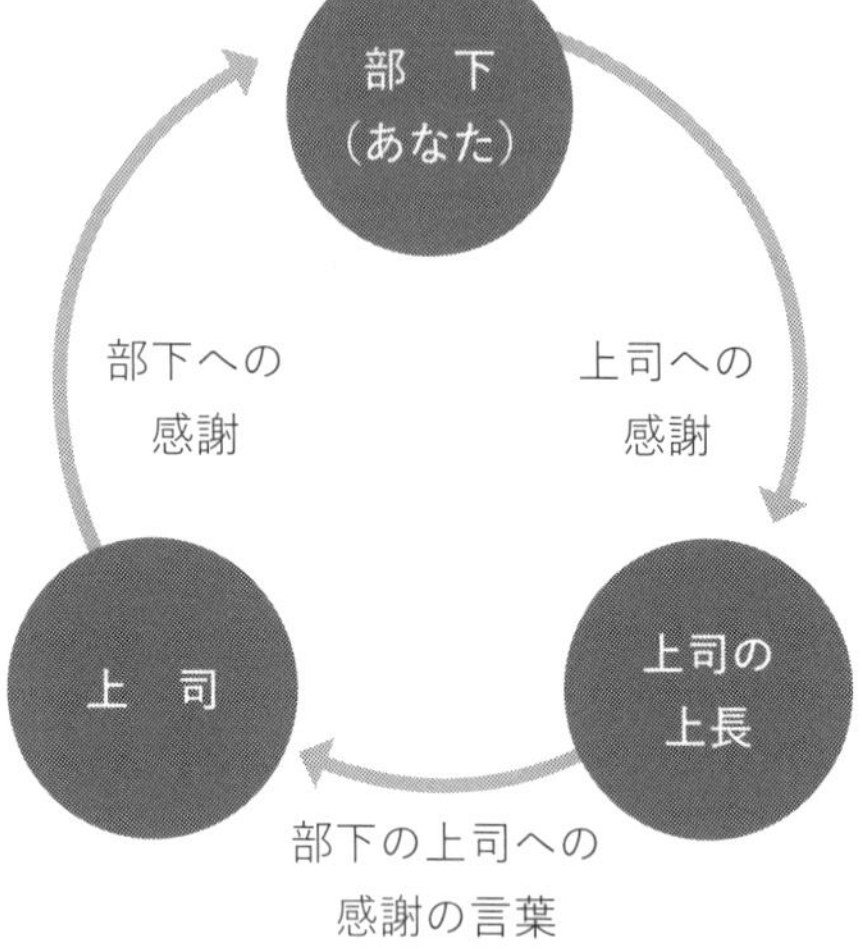

感謝するのが難しい上司、あなたが嫌っている上司であった場合は、とっさに感謝の言葉は出てこないかもしれません。だからこそ、常日頃から、そんな上司の良いところを探しておきましょう。

極論、好きになる必要はありません。ただし、そのポジションを任されているということは、相性や人格はさておき、何かしら長所は持っているはずです。その一点で大丈夫ですので、その長所が発揮されている場面をイメージしながら、感謝していることを経営者や上長に伝えましょう。**「いつも上司の○○さんには感謝しています」という一言だけでも、効果はあります。**

上司の上長に感謝することは、他にもメリットがあります。直属の上司の評価が上がると、当然ですが、上司の影響力も大きくなっていきます。昇進することもあるかもしれません。すると、**当然あなたの立場は引き上げられやすくなります。**専門家として多くの企業の昇進にもアドバイスをしていますが、昇進は実力だけでは決まらないケースが非常に多いです。自分の次のポジションが空かない限り、実力があっても任命できません。逆に、実力が乏しくても、ポジションに空きがあれば、誰かに任せる必要が出てきます。タイミングが非常に重要であり、通常は運だと思いがちです。でも、**上司に昇進してもらう働きかけをすることで、そのタイミングが生まれる確率が上がります。**

経営層や上司の上長と話をする際に、ぜひ自分の上司への感謝を伝えるということを実践していきましょう。

07 あなた好みに上司を育成せよ

部下が持つ一般的な上司のイメージというのは、自分より仕事ができる人であり、自分に仕事を教えてくれる人です。部下を持つ上司にとっての大きな仕事の1つとして人材育成があるため、そのイメージは間違っていません。

しかし、実は部下であるあなたも、上司を育てることができます。むしろ、上司と良い関係を築き、自分の強みを発揮して気持ちよく仕事をするためには、**上司を教育するという気持ちで接することは大切なスキル**となります。

当たり前のことですが、上司にも得意なことと苦手なことがあります。その中で、**あなたが苦手なことや嫌だと思う仕事を上司がしてくれている場合、素直に上司を褒めましょう。その仕事をしていることに気づくたびに、認知しましょう。**認知とは、感じたことを素直に伝えることです。

例えば、数字に苦手意識を持っているあなたの代わりに、上司が数字をわかりやすくまとめてくれたら、上司だからやって当たり前だと思うのではなく、「さすが◯◯さんですね。こんなにわかりやすくまとめられるなんてすごいです。ありがとうございます」と、感謝の言葉と共にすかさず認知しましょう。褒めるのに抵抗感がある人も、認知なら伝えやすいかと思います。素直に感じたことを伝えられた上司は、次もあなたの期待に応えようと、これからもわかりやすく数字をまとめたくなります。

人は、褒められたり、認知されたりすると嬉しさを感じます。次も嬉しさを感じたいので、褒められた行動を繰り返し行おうとします。これを、「行動強化」と言います。**人は、褒められた行動が強化される**ということです。

褒められることの少ない上司からすれば、部下から褒められることは自分の自信にもつながり、褒めてくれた部下に対しても良い印象を持つようになります。上司にしてほしい行動がある場合、その行動をした際に、すぐ認知しましょう。いずれその行動は習慣化し、繰り返し行ってくれるようになります。**お互いにとって、嬉しい状況になる**わけです。

褒める時のポイントは2つあります。

1つ目は、**誰かとの相対比較ではなく、「本人比較」で褒めるということ**です。例えば、メールやチャットへの対応が遅い上司がいた場合、相対比較ではその点を褒めることはできません。本人比較ならどうでしょう。「メールやチャットへの対応が、前よりはやくて助かります。朝一番で、必ず対応してくれますよね」ならいかがでしょうか。**上司が以前よりもレベルが上がっていることに着目することで、上司をあなた好みに教育することができます。**ちょっとずつ、あなたが期待する行動を増やしてもらいましょう。

2つ目は、**結果だけではなく、「プロセス」も褒めるということ**です。

「今回も提案資料へのアドバイスありがとうございました。おかげで、お客様の評価も非常に高いです」

「今回も提案資料へのアドバイスありがとうございました。おかげで、お客様の評価も非常に高いです。これも、夜遅くにもかかわらず、私にわかる言葉で丁寧に教えていただいたおかげです」

これだと、どちらが効果的でしょうか。

結果を褒めることはもちろん大切です。しかし、結果は運不運が左右しますが、プロセスは本人の努力次第です。**上司のこの努力次第の行動が強化されると、あなたは気持ちよく仕事ができる範囲が広がります。**期待する行動を上司がたくさん取ってくれやすくなるということです。

結果に対してではなく、「プロセス」を褒めることをぜひ意識していきましょう。

逆に、**上司の嫌なところ（上司に変わってほしいところを）を見つけたら、それをポジティブに転換して褒めてみましょう。**例えば、打ち合わせの時間を守ってくれない上司に対して、「〇〇さんは、いつも部下の時間を大切にしてくれますよね」「前後の予定が忙しいのに、打ち合わせに遅れないようにする姿勢にいつも感謝しています」と伝えることで、働きやすい環境を少しずつつくっていけます。

この「上司を褒めて育てる」という働きかけは、個人レベルだけでなく、チームレベルでの改善にもつながることがあります。例えば、「〇〇さんは、自分の強みに合わせた指導をしてくれるから、頑張りやすいんですよね」と伝えることで、上司は部下の強みを探すようになります。それが継続することで、個々の強みを探すような育成スタイルにしていくことが可能になります。

この章の最後となりますが、評価される人材になるためには「上司と良い関係を築く」ということが、とても大切になります。数字などの実績を残すことはもちろん大切です。それと同じくらい大切なのが、上司との関係性です。信頼関係があれば、あなた自身の存在価値は確固たるものになりますし、仕事でのパフォーマンスも上がりやすくなります。そのためには、**上司がやってくれていることを当然だと思わず、感謝をどんどん伝えていきましょう。**

これからの時代は、人間関係が最大の財産になります。仕事を評価されるのと同じくらい、あなた自身が信頼されることに価値があります。そのために、一番簡単にできることが感謝なのです。

第3章

評価する上司のホンネと接し方

01

上司は褒められないので孤独になりやすい

前章では、上司から贔屓にされることが評価を高めることにつながるという点をお伝えしました。では、贔屓にされる、つまり上司から応援される存在になるためにはどうすればいいのかについて、ここでは触れていきたいと思います。

まずは、あまり理解されていない事実をお伝えします。

それは、**「上司は周囲から、ほとんど褒められない存在」**だということです。上の立場になるほど、その傾向が強くなります。経営層からは部門業績を達成するのが当たり前というプレッシャーを受けます。部下からは、もっと自分を評価してくれと要望されます。上司は上と下に挟まれて、悩んでいますし、傷ついています。不思議なもので、課長やマネージャーといった役職に就いているだけで、経営サイドも現場サイドもそれくらいはできて当然という気持ちになってしまいます。

ここでの**ポイントは、「とはいえ上司もひとりの人間」だということ**です。その前提に立つと、上司の大変さや苦労を理解しやすくなります。人として接してくれるメンバーの存在は、上司にとって、とてもありがたい存在です。だからこそ、上司の頑張っていることや努力していることをどんどん励ましましょう。それが、上司から応援される足がかりとなります。

人は応援されると、逆にその人を応援したくなります。**上司に贔屓にされ、応援される人間になるためには、まずは上司を応援すること**です。これは、「返報性の原理」にもかかっています。相手から好意を受け取った際に、人は好意を返したくなります。

では、どんな風に褒められると上司は嬉しいでしょうか。これは管理職研修でもよく言われますが、**結果だけを褒めるのではなく、プロセスを褒めるのが効果的**です。例えば、リーダーとして上司が部門の目標数値を達成した場合。

「課長が○○さんの相談に乗ってくれていたおかげで、○○さんのモチベーションが上がっていました」

「課長が他部署に強気で交渉してくれたおかげで、円滑なコミュニケーションを取ることができました」

「私たちの意見に反論された時に、守ってくれたのが心強かったです」

このように、努力や工夫をした過程の部分を褒めることで、見てくれている部下に対して良い印象を持ちます。**上司は誰からも褒められない存在だからこそ、自分が味方であることを訴求できる大きなチャンス**となります。また、人は褒められると行動の継続性が強化されると言われています。上司を褒めることで、上司が取った行動やプロセスが次の機会でも発揮されるなど、自分好みの上司になっていくという副次的な効果もあります。

とはいえ、上司を褒めるということに抵抗感がある人もいるかもしれません。その場合、**上司の苦労話を聞いてみましょう。**話を聞くというのは、最大の認知でもあります。自分の話に耳を傾けてくれる部下の存在は大変嬉しいものです。何か困ったことがあった時に相談相手としてあなたを思い浮かべたり、頼りたくなったりする可能性があります。

応用編として、どうしても好きになれない上司や、褒める気になれない上司の場合の対応もお伝えします。次の3つを試してみるとよいでしょう。

①ゲーム感覚で接する

あなたはロールプレイングゲームの主人公です。**上司がどのようなキャラクターで、どのようなことに興味があるのか、どのような仕事の進め方を好むのかを見つけ出してみてください。**例えば「頼りになります」という言葉に弱いのであれば、効果的にその呪文を使ってみる、など。ボスキャラである上司をどう攻略すれば自分の思い通りになるのかを楽しみながら試してみましょう。

②良いところを書き出す

上司の良いところや上司に感謝しているところを少なくとも10個、できるなら20個ほど書き出してみてください。嫌いな上司に対しては悪い部分だけに焦点がいきがちですが、あえて良い点を書き出してみることで、違った視点から上司を見ることができるようになります。「思ったほど悪い人じゃないかも」「課題はあるけど、強みもある」などといった発見があるはずです。苦手だけど、上司なりの良さがあるという視点を持てると、ちょっとだけ寛大な気持ちで上司と接することができるようになります。

③言動の背景をイメージする

上司の言動は、部下からすると理解に苦しむことが多くあります。好きになれない上司の場合は、理解できないことがほとんどになってしまいがちです。そんな時に有効なのが、**「なぜそんな行動を取ったのだろう?」と背景に興味関心を持つこと**です。人の言動の裏側には必ず理由があります。なぜそんなことを言ったのか、なぜそんな行動を取ったのかの背景をぜひ上司に聞いてみましょう。必ず上司なりのこだわりがあります。そのこだわりを理解することが、上司の人となりを理解することにつながります。背景や理由までわかってくれる相手は、上司にとってはとても貴重です。そして、聞くことであなた自身も新たな視点を獲得できます。

02 上司は評価に文句を言う部下が大嫌い

人事評価において、本人評価をした後に上司評価とすり合わせをする会社が増えています。自己評価と上司評価が一致せず、嫌な思いをした経験がある方も多いと思います。特に、あまりにも乖離が大きいと、本当に上司は自分を見てくれているのか不安になったり、苛立ったりすることもあるかもしれません。

特に、**自己評価の方が上司評価よりも高いケースは、不満になりやすいですし、不満の温床になりがち**です。自分が思ったよりも評価されていないわけですから。

もちろん、自己評価が高いこと自体は悪いことではありません。自己評価が高い人は、次のような特徴があることが多いです。責任感が強い、仕事を最後まできちんとやりきりたい、ミスなく確実に業務を遂行したい、目に見える成果をきちんと達成したい、など。

仕事をする上で、こういった思いはとても大切です。

問題なのは、自己評価と上司評価が一致しない際に、上司に文句を言うことです。なぜなら、**上司は、自分のつけた評価に文句を言う部下が大嫌い**だからです。そこには、3つ理由があります。

第1に、**文句をつけられても評価を変更することが難しい**からです。ほとんどの企業では、上司が評価する場合、相対評価という形式がとられています。相対評価とは、他のメンバーの仕事ぶりも踏まえて、部署として良い評価とそうでない評価のバランスをとったり、順位をつけたりするやり方です。例えば、A評価は20%以内などと決まっており、全員にA評価をつけることができないわけです。つまり、評価を変更するということは、他のメンバーの評価にも影響するということで、簡単には行えません。変更しづらいことに関して文句を言われても、何もできないというのが上司のホンネです。

第2に、**仕事の成果や仕事ぶりを評価するのは、自分ではなく、上司**だからです。仕事とは誰かに喜んでもらったり、価値を提供したりするものです。それが実現したかどうかを判断するのは上司です。上司は部下をマネジメントしながら、部署として価値を生み出す責任を負っているのです。あなたには、仕事を通じて発注者の期待する価値を提供する義務があり、それができたかどうかを判断するのは上司です。そもそも、自分で自分の仕事の評価を決めて良ければ、みんな高い評価をつけてしまいます。

ほとんどの上司は、メンバーが思うよりも部下の仕事を客観的な視点で判断しています。他者との関係性や他者に与える影響などを総合的に見ています。評価には好き嫌いが大きく影響すると伝えていますが、それは上司から見て自分をどれくらい支えてくれたかということです。上司なりにきちんと評価しているわけですから、それを受け入れられない部下は味方には見えません。

第3に、**評価に対して文句を言う人は多くの場合、「あの人よりも自分の方が仕事をしっかりやっている」「自分の方が業務をこなしている」などと他者と比較をしたがる**からです。他者を攻撃するような言動が日常から多く見受けられ、時には軋轢を生みます。上司はその軋轢を解消するために工数を掛ける必要があり、本来は必要のなかった仕事を増やされます。しかもこういった仕事は、何か価値を生むわけでもなく、単なる面倒ごとです。

以上の3つの観点から、上司にとって評価に文句を言う部下は、評価を上げるどころか、下げたい部下になってしまいます。さらに、「面倒くさい部下」として翌期を迎えることになってしまうため、文句を言うことは百害あって一利なしです。

では、あなたが評価に納得がいかない場合、文句も言わずただ我慢したり、泣き寝入りしたりするしかないのでしょうか。

そんな時に**大切なのは、上司の立場を踏まえて対話をきちんと行うこと**です。

例えば、タイミング。前述の通り、期末の評価のタイミングでは、変更は難しいのが実情です。ならば、前段階である日常において、上司と評価の状況について対話をしてみましょう。ここで言う対話とは、単なる会話や日々のコミュニケーションではありません。**上司があなたに期待することを言葉にしてもらいましょう。**評価の前には、必ず期待があります。期待値（目標）があるからこそ、結果の評価が可能になります。ということは、まずは上司が期待していることを知らないと始まりません。特に、行動面の期待を明確に伝えてくれる上司は少数です。だからこそ、こちらから聞くというスタンスが意味を持ちます。せっかく頑張っても、上司の求めていないことであれば、それは評価されません。

レストランで例えるとこんな感じです。あなたは、よく行くレストランに来ています。前日にシーフードを食べたので、その日はお肉が食べたい気分です。そこで、期待をこめてハンバーグを注文しました。ところが、あなたが来ていることを知ったシェフは、新鮮な海鮮が入荷されたので、良かれと思ってシーフードフライを作って提供しました。あなたはこのシェフを評価できるでしょうか。

これが実際の職場でも起きています。上司の期待を理解せず、良かれと思って自分のエゴを突き通して完遂し、それが評価されないことに文句を言うのがそれです。あなたは評価を上げたいがために頑張ったはずなのに、結果として、評価は下がってしまいます。この悪循環を断ち切るには、**上司が求めている期待を理解することがとても大切**です。

03

リモートワークのコツは、上司を不安にさせないこと

コロナ禍以降、リモートワークの比率が増え、こんな声を上司の方からよく聞きます。

「メンバーの状況がよくわからないし、仕事ぶりやメンタルが心配です」
「メンバーとの話をするきっかけがよくわかりません」
「オンラインミーティングで顔出しをしてくれず、困っています」
「行動評価ができなくて困っています」

上司の立場で言うと、出社が当たり前の頃は、目の前に部下がいました。なんとなく、その日の体調やモチベーションは把握できました。
リモートワークが増えてくると、それらが全く把握できません。そもそも仕事をちゃん

としているのだろうかと疑心暗鬼にもなってきます。何より、気軽に声をかけづらくなりました。リモートワークの場合、声をかけていいタイミングがわかりません。それが積み重なると、ただ遠慮してしまい、メンバーとの対話が極端に少なくなったというケースもたくさん聞いています。結果として、メンバーの状況が理解できず、サポートができないという悪循環が生まれます。

人事の専門家の見地から悲しい現実を伝えると、リモートワークは、上司のマネジメント力を丸裸にしてしまいました。職場で出勤している頃は、マネジメント力がなくても、ある程度ごまかせていました。しかし、リモートワークではごまかしがききません。

上司のマネジメント力で求められることは概ね2つです。**「部門としての業績（成果）を上げること」と、「部下の意欲を引き出すこと」**です。

部門成果の点で明らかになったのは、**成果を定義できていない上司があまりにも多い**ということです。社員は平均的に、半年で1000時間程度働きます。その1000時間で、どんな成果を出してほしいかを決めるのは上司の仕事です。営業であれば、売上をいくらなどとわかりやすいですが、ほとんどの職種ではこの成果の定義が曖昧です。だからこそ、上司は何をもって成果と言うのかを明確にメンバーに提示する義務があります。その成果を遂行するのはメンバーの役割、個々人の成果の積み重ねを部門成果につなげるのは上司の役割です。

個人の目標（成果）を明確に定義できれば、部下がリモートワークできちんと働いているかは成果で管理ができます。時間はある意味、どうでも良くなります。サボっていても、成果を出していればよいと考えられます。本来は、リモートワークであろうがなかろうが、成果の定義をすることはマネジメントには必須です。それが、より問題になっているのは、本来のマネジメントを行っていない上司があまりにも多かったからです。

そしてもう1つ、**メンバーの意欲を引き出すことが、リモートワークでより難易度が上がりました。**そりゃそうです。メンバーの状況が見えないですし、気軽な雑談もしづらくなりました。何よりも、同じ職場にいればある程度、組織の規範が守られやすくなります。リモートワークだとほとんどが1人でいるため、組織の規範が効きづらくなります。上司に求められるのは、高度な対人関係力です。チャットや限られた時間の中で、部下の状況を把握し、サポートをする必要があります。また、上司の状況や想いも知ってもらう努力が必要となります。

マネジメントできない上司が多いことがハッキリしたからこそ、あなたは自分で自分を守る必要があります。**上司が察して理解してくれたり、評価してくれたりすることはない**ということです。そんな上司がきたら、あくまでラッキーだということです。今後は、自ら評価を取りにいく姿勢がより重要となってきます。

評価を取りにいく際のベースになるのは、日々の報告です。上司はリモートワークで部下の状況が見えないことに不安を持っています。不安があると、きちんとした評価ができません。だからこそ、**「上司を不安にさせてはいけない」**ということです。そして、その際に有効なのが報告です。報告という言葉が重いと思う人は、日々の雑談だと捉えても構いません。

会社員である以上、仕事の状況を報告する義務があります。**仕事の完了報告はもちろんのこと、途中経過も伝える義務があります。**しかし、報告義務を果たしていないメンバーが本当に多くいます。報告をせずに、評価をお願いするのはおかしな話です。給与が振り込まれるのも変な話です。もちろん、できる上司は自ら確認をしにきてくれます。ただ、これに甘えてしまってはいけません。

上司から「あの仕事どうなってる?」と聞かれたら、すでに上司を不安にさせていますす。上司は、仕事結果に対しての最終責任を負っています。遂行責任は皆さんが担っていますが、お客様や経営への責任は上司が担っているのです。ということは、聞かれる前に報告をしておくことが必要になります。不安を与えるメンバーを評価したいでしょうか。つまり、**報告を丁寧にすること自体が、評価を下げないために大切**だということです。

ポイントは、上司に安心感を与えることです。ですので、きっちりと伝えようと意識しすぎず、頻度高く、軽い雰囲気で伝えても問題はありません。上司に信頼される人は、雑談的に日々の状況を報告しています。

04 上司のグチ不満には、上司の悩みが詰まっている

あなたの上司は、普段、文句や不満をどれくらい言うでしょうか。仕事の不満はもちろんのこと、経営や部下へのグチ、家庭や社会に対しての不平など、いろんなカタチがあります。不満を話すことが多い上司もいれば、少ない上司もいます。自分を律することに重きを置いている上司は、それほどグチはこぼさない傾向が強いかもしれません。相手が部下であればなおさらです。

そもそも、不満やグチと聞くと、我々はネガティブな印象を抱きがちです。たしかに、他責的な意味合いが強いと気分が良いものではありませんし、特定の誰かの誹謗中傷になるのは良くありません。でも、見方を変えると、それらは「上司の悩みごと」なんです。上司も人であり、スーパーマンではありませんから、困っています。だからこそ、**「上司**

の悩みごと」を共有してもらえる関係性になれたら、応援のし甲斐があるというものです。ただ、あなたと同じで、上司もどうでもいい人に、悩みを共有することはありません。

では、まずはグチ不満が多い人への関わり方から見ていきましょう。

グチ不満が多い上司は、承認欲求が満たされていない傾向があります。俺の苦労をもっともっと理解してほしいと無意識の願いを持っています。ある意味、SOSとも言えます。だからこそ、まずは共感することです。自分のグチ不満に共感してもらうと、人は安心します。一体感が生まれます。ここでのポイントは2つです。

1つ目は、**共感はするのですが、同意はしないということ**です。「その話、わかります」「ほんとそうですよね」などは、同意です。主語が自分になっていて、その意見に賛成する場合は使ってもOKですが、グチ不満に同意はあまり好ましくありません。ここで言う共感は、「○○さんはそう思うんですね」「そういう考え方があるんですね」といった感じです。主語を相手にして、相手の考えを受けとめるだけです。

2つ目は、**グチ不満を受けとめた後、必ず上司が何を大切にしているから、そのグチ不満が出てきたかを確認するということ**です。「そんな気持ちになるのは、◯◯さんが何を大切にしたいと思っているからですか？」と聞くと、上司の大切にしたいことを共有することができます。大事なのは、大切にしたいことが損なわれていることであり、それがわかれば、一緒に前向きな話に展開しやすくなります。

次に、グチ不満をあまり言わない上司への関わり方を見ていきましょう。

グチ不満を言わない上司こそ、それを引き出すことができればお互いにとってプラスの関係性が生まれます。なぜなら、そんな上司は責任感が強い傾向があり、安易に悩みを共有しないからです。だからこそ、その上司が悩みを共有するということは、かなり信頼された状態になったということです。

では、どのようにホンネや悩みを共有してもらえばよいでしょうか。オススメは**まずはあなたから自己開示をすること**です。悩みや心配ごとを話してみてください。そうすることで、上司も自己開示しやすい雰囲気がつくれます。オフィシャルな場所では難しい場合は、ぜひ飲みや食事にでも誘ってみてください。

「○○さんは最近悩みはないんですか？」

「○○さんは、組織づくりで困っていることはないんですか？」

悩みをあなたが言った後に、必ず上司の悩みも聞いてみてください。相手が悩みを共有してくれた後は、自分も悩みを話したくなるものです。

上司は毎日頑張って上司をしているからこそうまくいかないこともあり、部下にその思いをわかってほしいという気持ちも抱えています。上司も人間です。部下であるあなたが聞く姿勢を見せることで、上司としても共有することが増えていき、あなたがだんだんと相談相手になっていきます。

悩みを共有し合う目的は、上下関係から相談相手に移行することです。アドバイスができなくても構いません。聞いてもらうだけで、安心できるし、気づきは生まれます。

私が行っているワークショップの1つに、組織やチームのスローガンや方針を決めるというものがあります。そこで最初に行うのが、自社が抱える課題や問題を全て吐き出させることです。ポストイットに社員が感じている問題点を書き出してもらい、ホワイトボードに貼っていきます。そして、ホワイトボードが課題でいっぱいになったあと、これらを解決するために何に取り組むか、何をすべきかということを話し合ってもらいます。この順番が非常に大切です。人はネガティブなことやタブーなことを発言する機会は、実はあまりありません。だからこそ、一緒に問題を洗い出すと、なぜか一体感や連帯感が高まります。ある意味、秘密を共有する感じになります。そして、その後の解決策の検討は大いに盛り上がります。建設的になります。ホンネでのやりとりになります。

上司のグチ不満も同じです。わざわざは言わないことを共有することで、上司との関係性がぐっと近くなります。**上司だから、部下だからという垣根を越え、悩みを共有する仲間になることが、上司に応援される上で非常に意味を持ちます。**そして、上司の困りごとをサポートすることで、評価は確実に高まります。

05
従順なだけでなく、たまには図々しさを発揮しろ

上司と部下の関係は恋愛と同じです。とはいえ、必ずしも結ばれる必要はありません。**上司にとってあなたが「気になる存在」となることが大切**だという意味です。上司が何かを相談したくなった時に「あいつはどう思っているのかな」「この人はどう感じているんだろう」と最初に顔が思い浮かぶような存在になることがポイントです。部下であるにもかかわらず、最初に顔が思い浮かぶというのは、特別な存在だということです。

では、どのように「気になる存在」になればよいでしょうか。

まずは上司との「共通点」を見つけましょう。 仕事の仕方や仕事上のこだわりでもいいですし、趣味や食べ物、休日の過ごし方、楽しいと思えること、服装へのこだわりなど、プライベート面でもOKです。仲の良い人とはどこか「共通点」があるものです。だから

こそ、偶然にも共通点がある状態を待つのではなく、自ら「共通点」を見つけることで、上司との距離がぐっと縮まります。

より距離が縮まりやすいのは、レアな「共通点」です。100人中、あなたと上司しか一致しないレアな「共通点」が見つかれば強力です。見つけるのが大変な場合は、オススメがあります。それは、**上司のレアなこだわりや趣味を聞き、それを自分も体験してみる**というものです。好きな本や音楽は比較的手軽に聞き出すことができます。これなら、偶然ではなく、必然としてレアな「共通点」がつくれます。

「共通点」を共有し、お互いの関係が良好になってきたら、**今度は「相違点」を意識しましょう。**「共通点」があるだけでは、単なるいい人で終わってしまう可能性があります。ビジネスでは成果や問題解決が求められます。仕事で役に立つ奴だと思われる必要があります。その時に有効なのが、「相違点」です。上司が苦手なことや思いつかない視点など、上司との違いを見つけましょう。上司と違う部分があるからこそ、上司にとって必要性が増します。

この「相違点」を意図的に見せるには、**上司が持っていない強みをアピールすることが大切**です。特に、それが専門的なことであればあるほどなおさらです。その際は、多少大げさに出したとしても嫌われることはありません。むしろ、それが信頼感につながります。また、意見を伝えることも必要です。上司と異なる意見でも、勇気を出して伝えましょう。ここで**大切なのは、意見を言うこと**です。押し通す必要はありません。上司と違う視点をぶつけると、単なる「言うことをよく聞いてくれる人」「便利屋」という存在から、「自分の意見を持っている人」「しっかりと話を聞かないといけない人」になっていきます。そして、それはあなたの存在感を高めます。

そして、「共通点」と「相違点」で関係性が培われてきたら、**「たまに図々しさを発揮する」こともやってみるとよい**です。上司の期待や依頼に応えることも大切ですが、時には部下であるあなたからお願いごとをしてみましょう。

「急ぎの案件なので、さっき送ったメールを見てもらってもいいですか？」

「どうしても今話したいことがあるので、5分だけもらえますか？」

気になる存在であるあなたがお願いごとをすると、上司は頼りにされていると感じます。「仕方ないな」と言いながらも、期待に応えようとします。**関係性を強くしていく上で大切なのは、一方通行のやりとりにならないようにすること**です。仕事においては、お願いごとは上司から部下に流れることがほとんどです。部下からの提案や相談、依頼は、意識しないと生まれません。結果、双方向で頼り頼られる関係に発展しません。だからこそ、たまには、図々しさは必要です。

なお、**上司があなたのお願いごとを聞いてくれたら、必ず感謝の気持ちを伝えましょう。**上司は口ではいいませんが、頼られたいし、感謝されたいと思っています。極論、お願いごとを聞くのは、自分の承認されたい欲求を満たすためでもあります。

上司の言うことをただ従順にきくイエスマンでは、「気になる存在」にはなりません。時には図々しさを発揮して「一目置かれる存在」になることで、自分のやりたいことを進めながら良い評価をされるということが可能になります。

06

上司をいじれる部下になれ

上司が部下をいじるのは、上司からすれば愛情表現のつもりでも、度をすぎるといじめになり、パワハラと捉えられます。そんなつもりはなかった、と人事担当者へ言い訳をする上司が多いのは、愛情を履き違えていると言っても過言ではありません。一方で、**部下が上司を上手にいじることができると、上司との距離感がぐっと近づきます。**

何度か触れてきたように、管理職は孤独になりやすく、さみしさを抱えています。立場上、堂々としている必要があり、自分のネガティブな部分を出せません。でも、上司も人間であり、感情があります。不安もあります。だからこそ、自分の立場や気持ちを理解し、人間らしい部分を出させてくれる部下は貴重です。

自分のことを上手に構ってくれる部下がいると、その部下に対して感謝の気持ちを示すようになります。後述しますが、上手にいじるには相手を観察することがコツとなります。相手を観察しているからこそのいじりは、上司に対して「私はあなたのことを見ていますよ」というメッセージを暗に示すこととなり、**上司は自分に興味や関心を持ってくれる部下のことを大切にしようとします。**

しかし、部下からすれば、上司をいじるのは勇気がいります。相手を怒らせることになるのではないかと不安になるかもしれません。

では、どうすれば上司を上手くいじることができるのでしょうか。上手ないじり方のコツは以下の3点です。

①上司を観察し、かわいいところを見つける
②重くなりすぎず、軽やかにさらっと口に出す
③愛情表現を付け加える

まずは**相手を観察することが最も大切**です。容姿や見た目だけでなく、発言、行動などに注意を払うようにしてみてください。その中で、かわいいところや面白いところ、お茶目なところを見つけます。いわゆる天然な部分を持っている上司がいれば、そこに着目するのがよいでしょう。髪型や服装など、ちょっとした変化に気づくことも効果的です。興味を持って相手を観察し、どの部分がその人の個性や特徴であるかを理解することから始めましょう。

次に、**観察して気づいた点を言葉にしてみましょう。ポイントは、軽くさらっと口に出すこと**です。声のトーンや表情に注意して、軽いタッチで伝えることを意識しましょう。軽いジャブの感じで口に出すと、周囲の空気も軽くなり、いじっていい雰囲気が生まれます。ただし、相手がコンプレックスを持っていることや誹謗中傷につながりかねないような微妙な内容は避けるのが鉄則です。

最後に、**いじる時には、愛情表現を付け加えることを意識しましょう。**いじる内容は、時には、上司にとっての弱みや苦手としている点であったりします。すると、相手へのダメ出しに聞こえてしまうケースがあります。だからこそ、いじっているのは、上司が大好きだからというメッセージが伝わるようにしましょう。「○○さんのそういうところ好きなんですよね」「○○さんて愛情いっぱいですよね」などの言葉でもいいですし、全身や表情で嬉しさや愛情を表現することがオススメです。

補足ですが、本書を手に取っている方の中には、上司に当たる方がいるかと思います。部下にいじられる関係性があると、あなたの人間味が伝わりやすくなります。そのためには、**部下に弱みをさらけ出したり、助けを求めたりすることができるとよい**かもしれません。結構怖いことですし、本当に自分に自信がないとできないことでもあります。だからこそ、これからの時代の管理職には、隙をつくることの必要性が増しています。

上司をいじることができるようになると、チームの雰囲気が軽くなり、活性化にもつながります。心理的安全性が確保されている組織は強く、そのきっかけをつくる「上手に上司をいじるあなた」は、上司からも、周囲からも、特別な存在として認識されるようになるでしょう。

07

上司のタイプ別攻略法

人には、シックスヒューマンニーズ（六大欲求）があるという考え方があります。それは、「安定感の欲求」「不安定感（自由）の欲求」「重要感の欲求」「一体感の欲求」「成長の欲求」「貢献の欲求」の6つです。

これらの欲求に良い悪いはありません。人間であれば誰でも持っています。しかし、人によってどの欲求を強く持っているかは異なります。だからこそ、**上司の欲求を理解することは、評価を高める上で非常に重要**です。

本章の最後では、これらの欲求の中でもベースとなる、「安定感の欲求」「不安定感（自由）の欲求」「重要感の欲求」「一体感の欲求」の4つに焦点を当て、それぞれを強く持っている人のタイプの説明、対応方法、どのように仕事をすべきかを見ていきます。

「安定感の欲求」

●**タイプ**：安全や安心を好みます。慎重であり、実績を重視します。先が見えないことには不安を感じやすく、計画や管理できないことが苦手です。目に見えることを大切にする傾向があり、調和を好みます。未来よりも現実的な考えに即した行動を取ります。

●**対応方法**：大きなチャレンジは求めていません。失敗するくらいなら安定的に仕事をきっちりとしてほしいと感じています。無計画で突拍子もない仕事をされるのを嫌うため、上司の管理下で進捗をきちんと共有することが大切です。報告や相談などこまめなコミュニケーションを行うと安心してもらえます。

●**仕事ぶり**：上司の期待を正しく把握し、ミスなく、着実に進めることが大切です。計画的かつ安定感のある仕事が評価されます。ローリスク・ローリターンであることを確認しながら仕事を進めていくことが必要です。前例にないやり方よりも、実績のあるやり方を好みます。

●**この上司が多く見られる業界**：官公庁、役所、銀行、医療関係

「**不安定感（自由）の欲求**」

●**タイプ**：好奇心が旺盛で、新しいことや変化を好みます。感性や感覚に従って行動するため、自由奔放に見られます。仕事や自分の行動にワクワクできるかどうかが大切であり、常に刺激を必要とします。反面、同じことを続けると飽きてしまう傾向があります。

●**対応方法**：未来の話や熱い話が大好きですし、やるなら楽しむことが大切です。飲み会など、上司と想いを語る場を持ちましょう。新しいことや未知のことを好むため、そういった情報にアンテナをはり、積極的に共有するとよいでしょう。

●**仕事ぶり**：安定よりも、刺激や変化を求めるため、仕事をどんどん工夫や改善していく姿勢が必要です。チャレンジして失敗するくらいが丁度良く、トライアンドエラーを積極的に行いましょう。

●**この上司が多く見られる業界**：クリエイター、エンタテイメント、芸能、広告

「**重要感の欲求**」（＝**承認欲求**）

●**タイプ**：自分の中に明確な基準を持っており、その基準で物事や人を評価していきま

す。部下の行動が、自分の基準に照らして、良いか悪いか、正しいか間違っているかで評価をします。人から重要と思われたり、すごいと思われたりしたいと思っています。

●**対応方法**：まずは、上司の評価基準を理解しましょう。何を重視し、何にこだわっているかを理解することが大切です。可能であれば、なぜこだわっているのかの背景まで理解し、そこを理解している姿勢が伝わると関係が良くなります。上司の言動に対して、「さしすせそ」で褒めることも効果的です（「さすがですね」「知りませんでした」「すごいですね」「センスいいです」「そうなんですね」）。

●**仕事ぶり**：論理性や効率を重視する傾向が強く、無駄を嫌うので、ロジカルな仕事の進め方が求められます。事実に基づいて動きたいため、数字や根拠を多く活用するようにしましょう。常に、目的を意識した姿勢を見せると安心してもらいやすくなります。

●**この上司が多く見られる業界**：建築業、不動産業、※経営者に多く見られる

「一体感の欲求」

●**タイプ**：チームとしての一体感を求めており、コミュニケーションを重視します。共感やつながりを大切にしたいという気持ちが強い傾向があります。親密さや絆を生む行動

を好み、相手のことを受容することが多いタイプです。

●**対応方法**：気遣いや配慮の心を大切にしており、日常からそういった関わりを大切にしましょう。仲間であることを強く好むため、上司ではなく仲間として一緒に行動することで安心します。雑談などコミュニケーションの時間を意識的に多くし、対話することを心がけてみましょう。自分の気持ちや感謝などを口にすることも効果的です。

●**仕事ぶり**：人間関係やモチベーションを大切にしているため、思いやりや配慮、共感や笑顔を意識しましょう。心配ごとや悩みを積極的に伝えることもよいでしょう。チームワークを重視するため、周囲との情報共有をこまめに行い、一緒に進める姿勢を見せることがオススメです。

●**この上司が多く見られる業界**：飲食業、小売業、接客業、人材サービス業、保育園

これらの欲求はあなたも上司も持っています。ただし強弱があるため、あなたが大事にしたいと思っていることと上司が大切にしたいことが一致しないことがよく起こります。上司の満足度を高めて評価される人材になるためには、**あなたの上司がどのタイプであるかを知った上で、上司の期待に合わせていくということが必要**となります。

第4章

評価される人だけが
知っている
「本当のアピール法」

01

「わかってほしい」は甘え、適切なアピールは必要と心得よ

あなたは上司に対して、こう思ったことはないでしょうか？

「自分がこれだけ頑張っているのに、どうしてわかってくれないのだろう」
「こんなに忙しいのだから、なぜ遅れても仕方ないと思ってもらえないのだろう」

日本では「察する」という言葉がある通り、言葉にせずとも相手の気持ちを汲み取ることを美徳とする風土があります。言葉にして伝えることは野暮で、微妙な表情や雰囲気で相手の心情を慮るというのはたしかに日本独特の情趣があるかもしれません。しかし、**仕事においては、自分の頑張りや気持ちを上司に察してほしいと思うのは、残念ながら無理な場合が多い**と認識した方が良さそうです。「言葉にしなくてもわかってもらえるだろう」

というのは相手に対しての一方的な押し付けであり、甘えであるということを自覚する必要があります。

電話、メール、社内コミュニケーションツールなど、上司の元にはあなたが想像しているよりはるかに多くの情報や決断を求められることが集まってきており、迅速かつ的確に処理を行う必要があります。目の前のことだけでなく、部門の中長期的な目標達成のために考えることも多い上司に、**あなたの甘えを察する余裕がないのは仕方がないこと**なのです。複数の部下を抱える上司であれば、なおさらです。上司だから、部下のことを察してくれて当然だという思いが強くなると、たとえ上司が察してくれたとしても、感謝の気持ちを示すことができません。健全な人間関係を築くことも困難となってしまいます。

反対の立場で考えるとわかりやすいかもしれません。あなたが上司に「言われるまで動かないのはなぜだ。言わなくてもわかるだろう」と怒られた時、「言われなければわかるわけがない」と思うのではないでしょうか。**コミュニケーションの基本は言葉にして伝えることであり、察し合えるようになるには時間がかかる**ということを理解しましょう。

ここまでの前提を踏まえて、**上司から評価されるために必要なことは何かと言うと、きちんと「アピール」するということ**です。きちんと自分の頑張りや実績を言葉にして伝えることで、上司はあなたの努力や成果を理解することができます。

ただし、日本では、なぜか「アピール」は卑しいこと、はしたないことと捉えられがちです。もちろん、行動や実績が伴わないのに「アピール」することは、私も好きではありません。でも、よく考えてみてください。**きちんと成果を出していたり、努力や工夫をしていたりするのであれば、それを上司に理解してもらうことは至極まっとうなこと**です。

副業や業務委託（フリーランス）で仕事をする人が増えてきていますが、上手くいく人は当然、仕事をいただくためにアピールをしています。良い仕事ができたら、継続するように実績をアピールしています。会社員もここは見習う必要があります。

アピールについては次項で詳しく触れますが、ここでお伝えしたいのは、良い意味でのアピールはしっかりするべきだということです。そのアピールが、上司も納得するような種類のものであればなおさらです。適切なアピールは上司からも高く評価されます。

02 あなたの間違ったアピールの認識が上司を苛立たせている

前項では、きちんと評価されるための前提として、「アピール」の必要性に触れました。一方で、「アピール」という言葉にネガティブなイメージを持っている人がいるかもしれません。たしかに、他者を押しのけて自分だけをPRする人や、事実以上にオーバートークをする人をイメージしてしまうと、そのような認識になるのも仕方がありません。ですので、ここで言う「アピール」の定義をお伝えします。

本書では、「アピール」とは、お互いのニーズを満たすために対話すること、と定義します。決して、一方通行で自己主張することではありません。あなたが思い浮かべるネガティブなアピールはきっと、主語が「自分」になっているのではないでしょうか。そうなってしまうと、対話にはなりません。聞いている方も嫌気が差します。大事なのは、双方向での対話の中で、お互いのニーズ（欲求）を満たすことです。前章でお伝えしましたが、上司にも部下であるあなたにも、満たしたいニーズがあります。ですから、**中長期でお互いのニーズが満たされるように、「win-win」を目指す対話をすること**です。

就職活動の面接を例に挙げてみましょう。自己アピールをしてくださいと言われたら、どんな話をするでしょうか。多くの人は、自分の強みをアピールすると思います。例えば、協調性や周囲を巻き込む力が強みだとしたら、そこをアピールするでしょう。それが間違っているわけではありません。ただし、その企業が独創的で、他の人が思いつかない発想力を求めている場合、その自己アピールでは企業側の期待に応えることはできません。

つまり、**「アピール」とは、自分のことを一方的に伝えることではなく、相手の期待や要望とすり合わせていく共同作業だということ**です。先ほどの面接の例では、事前に企業の求める人材像を調べておけば、一方通行での自己アピールは回避できます。しかし、これが人事評価になると、多くの方が、「俺が俺が」「私が私が」になりやすくなっているのが実情です。上司と部下の関係の場合、**上司が求めている期待や要望に沿ったアピールを**

することが大切です。

例えば、上司が資料作成をあなたに依頼したとします。その上司は、近々の会議で使いたいため、ラフでも構わないからとにかく早く提出してほしいと思っています。しかし、あなたは内容の充実した資料こそが必要だと思って、時間をかけて緻密な資料を作成して上司に持っていきました。これは、上司の期待に応えているでしょうか。

内容が充実していることが悪いのではありません。上司のニーズに応えていないのが問題です。そして、部下本人は、こんなに充実した内容の資料を作成したのに評価されないのはおかしいと考えてしまいます。こんな状況が、対話不足でいろんな場所で起こっています。こんなにもったいないことはありません。

中にはアピールが苦手な人もいるかもしれません。謙虚な性格の方は自分のやったことに対して「アピールするほどでもない」と思いがちです。実は**ちょっとした気遣いや行動もアピールになります。**例えば、上司が実績よりもそこに行き着くまでの過程を重視するタイプであった場合、自分の業務について適宜進捗を共有するというのも、立派なアピールになります。むしろ、こういった上司の場合、進捗の共有なしに結果を見せてしまうと、たとえ目標達成できていたとしても、プロセスを共有するという期待に応えることができていないため、アピールに成功しているとは言えません。

私の顧問先の社長さんは全社員に日報を書いてもらい、それらの全てに毎日、目を通していました。社長が読む日報であるため、社員は良いことばかり書く傾向にあったそうです。しかし、社長が求めていたのは現場だからこそ知ることができる、お客様の生の声や競合のリアルタイムの動きでした。その社長の期待をわかっている社員は当然、そこにフォーカスした内容を書きましたが、多くの社員はそれができませんでした。**ポイントは、相手のニーズを理解するということ**です。ニーズを理解していないと、努力がすべて水の泡になってしまう可能性すらあります。

思い込みを捨てて、上司と対話をし、上司の期待を理解する。そして、その期待に応える行動を取る。ただ自分の実績を滔々と語るよりも、その姿勢が何よりものアピールとなることを覚えておいてください。

03
評価面談でのアピール法①印象が劇的に変わる魔法のフレーズ

評価面談は、あなたにとって2つのことが行える場です。

1つは、**「成長する場」**です。過去の取り組みや経験から学んだことを、いかに次につなげるかを学ぶ場です。1人では気づけない視点を、上司と話すことで気づくことができます。そして、もう1つは、**「感謝をする場」**です。不思議なことに、評価されてもされなくても、感謝をたくさんしている人ほど活躍し、評価が高くなる傾向が見られます。

「頑張ってみましたが、結果を出すことができませんでした」
「結果は出ませんでしたが、◯◯さんのおかげで、ここまで頑張ることができました」

2つのコメントは、内容はそれほど変わりません。しかし明らかに、後者のコメントの方が上司には伝わります。それは、上司のサポートへの感謝の気持ちが表現されているからです。実際、どれほどサポートができるかは別として、多くの上司は部下をサポートしたいという気持ちを持っています。だからこそ、**感謝があると上司も嬉しいもの**です。

過去の実績が目標を達成している場合、上司に対して感謝の気持ちを表すことは簡単にできます。しかし、未達の場合は、感謝を表すことは意外とできません。なぜなら、達成できた時は成功できた理由を探しますが、未達の時は失敗した原因を探すからです。成功できた理由は上司のサポートだと感謝することはできても、失敗した原因を探すとなると、不足していた部分に目を向けがちです。上司から受けたはずのサポートに目を向けることができないのです。ひどい場合は、自分が失敗したのは上司のサポートが足りなかったからだと他責に陥ることもあります。

さらに、上司は部下をサポートするのが当然だと思っている人が多いため、実際にサポートを受けた側は、その事実を忘れやすくなります。

しかし、実は**失敗した時こそ上司のサポートに対しての感謝を表すことが大切**です。

そのために必要なのは、**サポートを受けた時にメモを取っておくこと**です。手帳やスマホなどを使い、サポートをしてくれた日時や場所、内容、またその時に感じた気持ちや理由を書いておきます。最初は丁寧に書くよりも、たくさん書くことを意識してみてください。一言でも構いません。これを日々行うと、半年でかなりのメモがたまります。

日々書くのが苦手な人は、評価面談をする前に、上司に感謝していることを10個書き出してみてください。無理やりにでも構いません。そして、そのメモした内容を、評価面談の際に伝えてみてください。大切なのは、嘘をつかないことです。嘘が混じった感謝は、ごますりや迎合になり、上司はその嘘を見破ります。自分の気持ちと向き合い、本当に感謝している内容のみで大丈夫ですので、それを言葉にしてみてください。

せっかくなので、感謝を伝える際の具体的なポイントを2つお伝えします。

1つ目は**些細なことでOKだということ**です。資料作成のアドバイスをくれた、落ち込んでいる際に励ましてくれた、一緒に喜んでくれた、周囲との関わり方のコツを教えてくれた等、何気ないことで大丈夫です。ここで前述のメモが効果を発揮します。

2つ目は、**上司の存在に感謝すること**です。自分に何かをしてくれたから感謝するのではなく、上司がいてくれることそのものに感謝します。私たちは「相手のしてくれたこと」に目がいきがちです。たしかに、それも大切です。それにプラスして、上司がいることによる影響に目を向けてみてください。経営からのプレッシャーを引き受けてくれている、職場が円滑になるように配慮してくれている、チームが元気になる、ピリッとした緊張感を生んでくれている等、意外に多くの恩恵を受けています。そこまで気づいてくれる部下がいれば、上司冥利に尽きます。

活躍する人や信頼される人は、感謝している量が圧倒的です。だから、応援したくなりますし、一緒に働きたいと思われます。あなたがそうなりたいなら、感謝をたくさん表現していきましょう。感謝することは能力ではありません。今、この瞬間からやろうと思えばできます。最初は、メモをとりながらで充分です。

04

評価面談でのアピール法②結果に至るプロセスの伝え方

ここでは、ちょっとしたあなたの取り組み姿勢が伝わる言葉を添えるだけで、あなたの評価が大きく変わるコツを見ていきます。特に**結果に至るプロセスに関して、「主体的な姿勢」と「未来に向けた発言」があることがポイント**です。順番に見ていきましょう。

成果評価の場合、期初に設定した目標の達成率で評価されることが多いかと思います。評価面談でも、目に見える数値をもとに実績を語ることになります。そして、我々は結果だけに目を向けて語りがちになります。目標を達成できたのか、達成できていなかったのかだけに言及してしまい、その結果に至るプロセス（努力や工夫）について説明をしない人が意外と多く見られます。**大切なのは、結果だけでなく、プロセスについても言葉を添えること**です。

プロセスを伝えることで、あなたの仕事への姿勢が伝わります。ほとんどの上司は、結果だけではなく、仕事への姿勢を見ています。なぜなら、結果は環境要因に左右されますが、仕事への姿勢は左右されないからです。主体的な取り組み姿勢、ぶれない仕事ぶりがある部下は、上司として非常に頼もしく感じます。今後の組織運営において欠かせない人材であり、悪い評価がつけづらくなります。ぜひ、結果だけでなく、主体的な努力や工夫も伝えていきましょう。

ちなみに、目標を達成できている場合は語りやすいですが、未達成の場合は、プロセスを言葉にして伝えるのを難しく感じる人も多いかと思います。さすがに全く努力していない場合は言い訳になってしまうので止めた方がいいですが、それなりに努力や工夫をしているけれど環境変化が原因の場合は、伝える際のコツがあります。

環境の変化が著しい昨今では、期初に想定した状況がころころ変わります。当然、期初に設定した目標も、外的要因の変化で達成が困難になることも容易に起きます。その際に大切なのが、**環境変化に対して「主体的に」動けたことを伝えること**です。上司の立場からすると、「環境変化のせいで達成は無理でした」と言われても、「だから何？」となります。なぜなら、受け身の姿勢を感じるからです。だからこそ、その**環境の変化の中で、自分がどのように目標達成に向けて工夫や努力したかを言葉にすることが必要**です。

例えば、期中に起きた取引先A社の予期せぬ経営難が影響して、自身の営業成績が目標の80％までしか到達しなかったとします。その場合、「A社の経営難が影響して目標を達成することができませんでした」と伝えるよりも「A社の経営難がありましたが、その影響を最小限に抑えるために新規営業先を別途開拓し、なんとか80％まで目標に近づけることができました」と伝えると上司の感じる印象は大きく変わります。もっと言うと、この環境要因の変化を口に出して伝えるのは、期末よりも期中の方がいいです。期中に伝えることで、上司の期待値を調整することができますし、主体的な努力を言葉にすれば上司からのアドバイスや支援がもらえます。

プロセスをアピールする上で、「主体的な姿勢」と並んで大事なことがもう1つあります。それは、**「未来に目を向ける」ということ**です。とかく、評価のアピールは過去にばかり目がいきます。評価ですので、それは当然のことですが、過去の話に人はわくわくしません。それは、上司もあなたも同じです。だからこそ、**プロセスから何を学んだか、失敗を次の期にどう活かすかという視点があることは非常に重要**です。

失敗を伝えると評価が下がると私たちは思いがちです。でも、上司の目線からすると、失敗だけを捕まえて、評価を下げることはほとんどありません。なぜなら、失敗は挑戦の結果だからです。50％は失敗するから挑戦です。上司もそれは理解しています。失敗を嫌がるのではなく、失敗から何も学ばないこと、失敗を未来の糧にしないことを残念に思います。ですから、**失敗は隠さず、そこから学んで未来にどう活かすかを堂々と語りましょう。**念のため補足をしておくと、失敗とミスは違います。失敗は挑戦の副産物、ミスは注意すれば回避できるものです。ミスは減らしましょう。

私は評価者向けの研修で、評価の目的として以下の3点を伝えるようにしています。

①社員の成長

②組織・会社の成長
③公平な処遇

この中で社員側が最も気にするのは「③公平な処遇」で、評価とはフェアに行われるべきであり自分も公平に評価されるべきという考えを持つ傾向にあります。「①社員の成長」や「②組織・会社の成長」と比較すると、「③公平な処遇」は過去の行動に対しての視点が強く反映されます。他の2つは、未来に軸が置かれています。上司は部下や会社の発展のためにマネジメントを行っているため、未来思考で物事を考えます。そのため、「③公平な処遇」だけに重きを置く部下とは認識にズレが生じがちです。だからこそ、**「未来に向けた目線」のある部下に上司は希望を見出し、応援したくなる**のです。

評価面談は上司にとっては、部下をマネジメントするための機会の1つです。部門目標を達成していくために、「主体的な姿勢」や「未来に向けた行動」が取れる部下はとても貴重です。だからこそ、結果だけでなく、そんな姿勢を一言添えながら伝えていきましょう。

05

評価面談でのアピール法③ 結果より大切な「結果の解釈」

努力をしたとしても、外的要因や想定外の事態により、目標を達成できないということは大いにあり得ます。特に、上司が部下の目標を設定している場合、そもそも適切な難易度になっていないというケースもあります。期末の振り返り時に目も当てられない結果となってしまった場合、あなたはどのように上司に報告しているでしょうか。

「努力しましたが、目標が難しすぎて達成することができませんでした」
「とてもじゃないですが、こんな高い目標の達成なんて無理です」

右記は、目標達成できなかった理由を探し、目標設定自体に不満を述べてしまっています。しかし、目標の難易度については、すり合わせをするなら目標設定のタイミングです。期末にいくら不満を伝えても、上司としても今さらどうしようもないというのが本音です。**評価面談で唯一できるのは、「結果の解釈」を経営目線にするということ**です。もちろん、結果がいまいちなので、必ず評価が上がるわけではありませんが、覚えておいて損はないアプローチです。

コーチングの考え方の1つに、リフレーミングという手法があります。人は何かを考える際に、自分の常識や、自分の慣れている考え方の枠組みで、物事を見ます。しかし、その枠組みを意図的に別のものに変え、その物事が持つ意味や意義を捉え直すことをリフレーミングと言います。

例えば、「仕事がうまくいかなくて、イライラしているんです」と言った人がいるとします。この人に対して「そうなんですね。イライラしているんですね」と単に同意を示すことは、その人の枠組みを肯定しているだけに過ぎません。これに対して、「イライラするくらい、本当に真剣に仕事に向き合っているんですね」と捉え方を変えることをリフレーミングと言います。単純な同意の場合は、イライラは収まりませんし、どうしたらよいかが見えてきません。しかし、リフレーミングした場合は、本人はなぜイライラしたのかを前向きに理解することができます。居心地の悪い感情を客観視できます。そして、そのイライラ感情を、リフレーミングによりポジティブに転換することができるので、対応策を具体的に模索できるようになります。

仕事における評価面談においても、うまくいかなかった結果をこのようにリフレーミングすることは有効です。良い評価を取るためのテクニックとしても有効ですが、本質的には社員目線からマネジメント目線に、視座を高める訓練になります。

そもそも、いまいちな結果を人は受け入れたくありません。しかし、同じ結果に対しても、ポジティブな見方や意味づけができるようになると、前向きになりやすい傾向があります。**ポジティブな思考は、新しいアイデアや前向きな行動や改善を引き出します。**

「チャレンジングな目標のおかげで、がむしゃらに達成に向き合う楽しさを感じることができましたし、新しい挑戦がたくさんできました」

「目標が高くて達成することはできませんでしたが、普段は巻き込まないような部署を巻き込む経験ができました」

このように、同じ結果だったとしても解釈の仕方を変えて上司に伝えると、上司はあなたのことを前向きな部下として認識するようになります。また、改善のヒントはネガティブな部分にあるからこそ、**あなたが解釈を変えて発言をした場合、それは次期の目標達成のための改善のヒントになります。**前述した通り、上司は過去の結果よりも、未来の結果にこそ意識が向かいます。なぜなら、過去は変えられないからです。

ちなみに、できる上司ほどうまくいかないことから何を学ぶかを大切にします。うまくいかない事象にどんな意味づけをするかを大切にします。なぜなら、それがマネジメントの肝でもあるからです。事業や組織運営は、計画通りにいかないことがほとんどです。事業はお客様や競合がいますし、組織運営は感情を持った人と向き合う必要があります。そういったことを引っ張る上で、意味づけはとても大切であり、それができる部下は対等に話ができるパートナーになる可能性を秘めています。

06

日常でのアピール法①目標の進捗を毎週、数字で伝える

上司は、責任感のある人、達成意欲のある人が好きです。しかし、目標にこだわっているると上司が感じる人は意外と多くありません。日々の業務に精一杯になってしまい、半年や1年単位の目標に対して目を向けることができない人が多いからです。もちろん、本人は目標にこだわっているつもりです。でも大切なのは、上司がそう感じているかどうかです。そのためにすぐできることが、**目標の進捗を毎週共有するということ**です。

上司としては、部下の目標など気にしたくないのが本音です。でも、部署の目標を達成するためには、部下1人ひとりが目標を達成することが必要になります。そのため、上司の計画通りに成果を出せていない部下は目につきます。一番気になるのは、目標の進捗を気にしていない部下です。危機感を持っていない部下は、上司をイライラさせます。

ですので**毎週、目標の進捗を伝えることで、目標達成にこだわりを持っている部下であるという安心感を、上司に持ってもらいましょう。**

さらに一歩進んで、達成意欲の高い部下と思ってもらうためのコツもお伝えします。

まず大切なのが、**数字で進捗を共有すること**です。目標は定量的に設定されることが多いかと思いますが、その定量目標に対して自分がどれだけの達成率になっているのかを、数字で共有しましょう。「今月の達成率は、現状62%です」といった感じです。数字で示されると、人はなぜかきちんと取り組んでいると感じます。説得力が増します。進捗率を把握している部下はそう多くなく、ともすれば目標自体を忘れている部下もたくさんいます。これだけで、上司の信頼が変わります。

次に、**上司の視点（部門目標）も把握していると、より上司の信頼が増します。**「うちの部署の目標達成まで、今月はあと17%ですね」などと言われたら、上司は感動します。部門目標の達成に向けて、上司は孤独感を感じていることが多いです。一緒にそこに向かっている仲間が存在しているとしたら、こんなに嬉しいことはありません。

なお、定量目標でない目標の場合は、ガントチャートを使うなどして、鍵となる小目標やタスクが1つずつクリアされているのかを見えるようにしておくのがオススメです。共有する際に、今の進捗がスケジュール通りなのかどうかを明確に伝えるようにしましょう。少し遅れているのであればその理由も述べ、アドバイスを求めるというのも有効です。

ここまで、上司から評価を得るための観点でお伝えしてきました。

最後に、**そもそも目標の進捗管理は、あなた自身の成果と成長につながる**ということもお伝えしておきます。

目標の進捗を確認するとは、マネジメントサイクル（ＰＤＣＡ）を回すということです。慣れてくると、ついこのサイクルを回すことをさぼりがちになります。

1年後や半年後の目標を念頭に置いた上で、まずは今月何をするかを決めます。そして、今月の目標達成に向けて、毎週何をするかを設定します。そして、今週の目標達成のために、毎日の動きを決めます。忙しさに負けず、大事なことをやることがＰＤＣＡの要諦です。そのために振り返りや改善を行います。このサイクルを継続して行うことで、成長しながら、成果が安定して出せるようになるため、当然評価されることになります。

07
日常でのアピール法②　上司心がくすぐられるこまめな相談

上司に評価してもらうために大切なのが、日常のアピールです。評価のタイミングで突然、「俺はこんなことを頑張りました！」とか「ここをもっと見てください！」と言っても、あなたが上司だったら、なんだか嫌らしく感じませんか？

そこで、とても簡単で、でもとても効果のある凄技テクニックに**「定期的に、上司に相談する」**というものがあります。毎週、１つ相談するだけですごい威力を発揮します。

ほとんどの上司が日常で一番求めているのは、「承認欲求」です。事実、管理職の方と話す際にぽろっと出てくる声で多いのは、「上になるほど褒められなくなった」とか「やって当たり前だと思われている」というものです。上司も日々、一生懸命頑張っているんです。でも褒められないし、誰も認めてくれないので、さみしさを感じています。

そんな上司を励まし、元気づけられたら、上司はどう思うでしょうか？

さらに、上司が元気になったら、部署の業績やパフォーマンスは必ず上がります。これこそ、個人の数字には表れませんが、部署への大きな貢献です。

そのための具体的なテクニックが「毎週、上司に相談する」ということです。**相談とは頼ることです。頼られると上司は自分が必要とされていると感じます。**

上司に相談する際には、3つのコツがあります。

1つ目のコツは、**相談内容は些細なものにすること**です。あまりに重い相談ばかりだと上司も自分も疲弊してしまいますし、目的は上司の承認欲求を満たすことだからです。承認欲求を満たすためには、相談の大きさではなく、頻度が大切です。

2つ目のコツは、**上司の工夫やこだわりについて聞くこと**です。

「お客様と話す際に、○○さんはどんな工夫をしていますか？」

「時間管理でこだわっていることは何ですか？」

これらは上司も気軽に答えられるので負担にならない上に、自分のオリジナリティを発揮しやすく、価値を出していることを強く感じます。結果として、あなたをより必要とするようになります。

3つ目のコツは、**プライベート絡みの相談をするということ**です。プライベートの相談は極論、しなくても仕事には何の影響もありません。ある意味、不要なものだからこそ、相談される側は「私だから特別に相談された」と感じることができます。あなたも負担なくできるというメリットがあります。だから、こんな相談はオススメです。

「最近、両親がこんなことを言ってくるんですが、……」
「最近、パートナーと旅行に行こうと思っているんですが、……」

早速、明日からぜひ毎週1つは相談を試してみてください。

08

日常でのアピール法③ アドバイスは即日実行・翌日報告

上司の多くは、部下に頼られたいと思っていますし、部下にかっこいいところを見せたいと思っています。だからこそ、上司からアドバイスをもらった時こそが大チャンスです。あなたがやることは、たった1つだけです。**アドバイスの内容にかかわらず、すぐに実行し、翌日にはその感想や結果を報告するだけ**です。特に、あなたが上司に相談をした上でもらったアドバイスの場合は、翌日どころか即日実行することが大切です。

自分のアドバイスを素直に実行してくれることは、上司にとって大きな快感です。なぜなら、ほとんどの部下は、口では「大変、参考になります」「さすが○○さんの視点は違います」などと言いますが、口だけです。行動こそが、あなたの本心を表しています。**すぐやることこそが、上司が頼られていることを強く実感する行為**です。そして、頼ってくる部下は応援したくなります。

ちなみに、**アドバイス通りやってうまくいかなかった場合でも、遠慮なく報告しましょう。**上司の心理としては、うまくいかなかったことよりも、実行してくれた嬉しさの方が勝ちます。そして、次はうまくいってほしいという思いが強くなり、より親身なアドバイスをくれます。直接的なサポートをしてくれるかもしれません。

ある小売業界でお客様をつくる際のコツとして「お客様のお勧めの飲食店を聞いて、次に来店されるまでにそのお店に行ってみる」というものがあります。もしそのお店が混んでいて食事が取れなかったとしても構いません。**すぐに行くということが大切**なのです。そして、次にそのお客様が来店された時に「この前、お勧めしてくれたお店に行ったんですが、混んでて入れなかったんですよ。すごく人気なお店なんですね」と感想も交えながらすぐに訪れたことを伝えるようにします。

すると、そのお客様は自分の言ったことを覚えていてすぐに行動してくれたのだと感動し、その店員へ信頼を寄せ、応援してくれるようになるそうです。

人は誰しも、自分の言ったことを尊重して、行動に移してくれる人のことを大切にします。自分のことを大切にしてくれていると感じるからです。そんな部下がいる上司は、自分の上司と話す際に、それを自慢したくなります。「部下の◯◯さんは、自分の言ったアドバイスを翌日には実行してくるんです」と上長に伝えます。上司である自分を信頼してくれる部下の存在は、最高のアピールになります。そしてそれは、あなたの上司だけでなく、あなた自身の評価が高まることにつながります。補足すると、経営側に近い人ほど、仕事の評価は正確性ではなくスピードで判断する傾向があります。

なお、上司は部下よりも経験を積んでいることがほとんどであり、良い選択肢を持っています。疑問に思うアドバイスでも、まずは試してみましょう。**どんなアドバイスでも実行する方が、自分で悩むよりは確実に前進する**ということもお伝えしておきます。

即日実行して、次の日に経過報告をする。その際には、**アドバイスをもらえることを当たり前だと思わず、感謝を述べるということも大切**です。たったこれだけのことが、上司との関係性に影響します。今日からはぜひ、この鉄則を実行していきましょう。

第5章

自分のキャリアを豊かにする「じぶん評価基準」

01

「じぶん評価基準」をつくれば、会社評価に一喜一憂しなくなる

ここまでの章では、会社で評価されるためのポイントを見てきました。会社で評価されることは、人生の仕事面を豊かにする上でとても大切です。ここでは、自分の人生を豊かなものにするために、もう1つの評価をお伝えします。それは**「じぶん評価基準」**です。

この視点が獲得できると、会社の評価を大切にしながらも、一喜一憂しなくなります。

その前提は、あなたが目指すキャリアや生きがいはあなたのものであるということです。当然、そのための道筋は、自分でつくる必要があります。大切なのは、自分のキャリア目標や人生の目標があるかどうかです。それがあれば、会社での様々な出来事は、1つの経験であり、未来に向けた財産と捉えることができます。

一方で、「じぶん評価基準」がないまま仕事をしている人は、自己肯定感が低くなりがちです。「人から評価してもらえると嬉しい」というのは、誰もが持っている感情です。ただ、他者からの評価ばかりを求めると、自分の得意なこと、やってみたいことを仕事に活かせず、受動的に過ごすことになりかねません。

では、「じぶん評価基準」はどのようにつくればよいのでしょうか。

「じぶん評価基準」を持つために必要なのは、自分の軸です。自分らしさとも言えます。自分らしさを端的に捉えるためには、**自分が大切にしたいキーワードを見つけること**です。それは、あなたが大切にしたい価値観でもあり、人生でこだわりたいことでもあります。

自分らしさにつながるキーワードが見えてくると、迷った時の心の支えになってくれます。例えば、私の知人のウェブライターの方が大切にしたいキーワードは「整える」でした。「文章を書くことは何が楽しいのか」と尋ねると「ごちゃごちゃになっていた情報を文章として整えることで、人に伝わる形になるのが楽しい」という返事でした。この場合、「整えるのが楽しい」という言葉が、自分らしさにつながるキーワードになります。

私の場合は、「一歩踏み出す勇気をわたす」が大切なキーワードです。職業柄、たくさんの経営者やビジネスパーソンとの面談の機会があります。悩みを聞いたり、不安を聞いたりすることも多くあります。その中で感じるのは、「一歩踏み出せば、あなたの願いは叶うのに！」ということです。人は新しいことに挑戦するのを躊躇しがちです。何が起こるかわからないから当然不安や恐れがあります。そして、いつの間にか自分の願いを諦めてしまいます。自分にはできないと思ってしまいます。

「私は人前で話すことが苦手（プレゼンが下手だし、人を惹きつけるのは無理）」
「俺は何をやっても続かない（自分の理想のキャリアを実現できない）」
「努力してもみんなが私を認めてくれない（私なんて価値がない）」

厄介なのは、人は無自覚に諦めてしまうということです。自覚していれば、まだ努力や工夫ができますが、無自覚だと自分で乗り越えることが困難です。エネルギーも抑圧されてしまいます。私にはこれがすごく悲しいですし、何とかしたいという思いが原動力になっています。今までと行動を変えなければ、未来が変わることはありません。だからこそ、小さくてもいいので一歩踏み出してほしいと願っていますし、そのサポートができると震えるほどの喜びを私は感じます。ここが、自分の軸であり、「じぶん評価基準」の土台になっています。

自分の軸が見えてくると、あらゆることに応用がききます。仕事でもプライベートでも、自分の軸に沿ったやり方や考え方を選択できるようになるからです。

自分の軸を見つける手がかりになるのが、今すでに好きでやっていることです。趣味や仕事で好きなことやワクワクすること、熱中することを思い浮かべてください。それがなぜなのか、どんな瞬間に魅力を感じるのか、と**深掘りして考えることで自分の軸につながるキーワードが出てきます。**同じものを好きな人でも、なぜ好きなのかという部分はそれぞれ違います。例えば、営業という仕事が好きな場合、人と話すのが好きな人もいれば、達成感を味わうのが好きな人もいます。

このキーワードは仮でも大丈夫です。キーワードが何もないのと、仮でもあるのとでは全く違ってきます。**仮でもあると、それを核として自分の大切なことが育っていきます。**

例えば、家族を大事にしたい、というキーワードが見つかった場合、何か迷いが生じた時には、そのキーワードで判断できます。家族を大事にするためにはどうしたらいいのか、と考えることで、「一緒に過ごす時間を増やしたい」「家族旅行に行きたい」という目標が出てきます。「家族を大事にするためには、厳しいことを言うことも必要だな」と、これまでのやり方を見直す気づきも与えてくれます。

自分の軸になるキーワードについて毎日考えていると、自分についての内省が進みます。その中で、自分の価値観が変わったり、より自分のことを明確に理解したりすることができるはずです。

キーワードがよりフィットするものになり、**自分の軸ができてくると、他人からの評価は、複数ある指標の中の1つでしかなくなります。**「じぶん評価基準」を持つことで、仕事の中でも「まだ評価されていないこの部分を今は磨いている」という考え方や、「自分が大事にしている軸のためには、ここは会社の期待には応えなくてもいい」という主体的な考えを持つことができます。

02

社長のホンネは「成果さえ出せば会社は利用してほしい」

前項では、会社を越えて、自分の軸をもとに働くことの大切さをお伝えしました。結局、人は会社などの他者からの評価も大切ですが、一番大切なのは、自分をどう評価するかです。反面、会社や経営者はそのあたりをどのように考えているかをここでは見ていきたいと思います。コンサルタントという仕事をしていると、経営者の悩みや本音を山ほど聞くことになります。その中でお伝えしたいのは、**社長と社員の考えの間には、大きなズレがある**ということです。この自分の軸の有無に関しても深い溝があります。

会社員の方と話すと、会社という枠を外して働き方を語ることを避ける方が多くいます。理由を聞いてみると、「うちの社長は社員が自分らしく生きるのを嫌がるのでは？」という不安を結構抱えています。実際、私もそういう経営者に会ったこともあります。自分のことの前に、会社で成果を出すことを考えろというタイプです。しかし、意外かもしれませんが、**多くの経営者は「社員に自分らしく生きてほしい」と考えています。**

「自分らしく生きる」とは自分で意思決定し、自らでしたいことをするということです。**そういう人は受け身ではなく、主体的に行動をします。**自分で何が必要かを考え、そのためにどんどん行動をしてくれます。大変なこともあるでしょうが、苦労とも思わず向かっていきます。上司が細かく指示をしなくても、自分で考えて動いてくれます。

イメージしてみてください。自分が人生をかけて必死に築いてきた会社で、一緒に働いている社員がイヤイヤ働いている。そんな状況は嬉しくありません。やはり、できるだけ楽しく働いてほしいと思うはずです。**社員にやりたいことを積極的にやってもらい、幸せになってほしいというのは、経営者の多くが描く願い**です。そして不思議なことに、楽しんで働いている人ほど、成果を上げて出世します。それを経営者は感覚で知っています。たぶん自分がそうだからというのも一因でしょう。

経営者が求めているのは、会社への貢献であり、成果です。**そのために必要なことをしてくれていれば、会社という器をどんどん活用していいと思っています。**もっと言うならば、会社の器を活用できるくらいの方が、会社への貢献は大きくなるとさえ思っています。活用できるリソースが多い社員ほど、当たり前ですが成果は大きくなります。

私がキャリア指導をする上でよくお伝えする考え方に、「3：1：1のバランス」というものがあります。これは、**週5日働く場合、仕事に求めるものを3日と1日と1日に割り振って捉える考え方**です。

【収入のための仕事】3日間（60％）
【やりがいのための仕事】1日間（20％）
【成長のための仕事】1日間（20％）

まず5日のうち3日間は収入確保のための仕事をします。生活する上で、お金は大切です。この3日間は、自分の生活に必要な収入を得るために活用しましょう。1日は、自分がやりたいと感じる仕事をやります。ここではお金を求める必要はありません。自分が仕事でやりたいことに時間を使います。最後の1日は、未来の収入につながる仕事をします。これからの時代、今やっている仕事の価値がゼロになるリスクはどんな仕事にもあります。であれば、将来の収入につながる仕事での経験を得るための投資の時間にあてます。これまでにやったことがないことや新しい分野に挑戦して、経験を積みましょう。

この**「3：1：1のバランス」を意識することで、生活のための収入を確保しながら仕事にやりがいを持ち、さらに未来のキャリア形成に向けての挑戦もできます。**社会の流れは加速度的に速くなっています。今、稼げている仕事でいつまでも稼げるとは限りません。AI技術にとどまらず、あらゆる分野でテクノロジーが飛躍的に伸びてきて、知らないからと触れないでいると、あっと言う間に置いていかれます。

この考え方は、もともと、複業（副業）や独立する人たち向けに伝えていたものですが、最近では会社員にこそ、役立つものになっています。会社員は、時間の自由が多くはありません。だからこそ、仕事に求めるものを3つに分けて明確化することで、会社から必要とされつつも、自分軸のキャリアを形成しやすくなります。

具体的なコツは、今、自分が行っている仕事の時給単価を算出しましょう。そして、どの仕事の時給が最も高いかを整理してみてください。収入のための仕事は収入を得るのが目的です。一番時給が高い仕事だけを休まず3日間行ったら、月給はいくらになるでしょうか。例えば、会計のシステム開発の仕事が時給が一番高く、仮に時給4，000円だとしたら、週3日働くだけで、月給は384，000円になります（計算式は、時給4，000円×1日8時間×週3日×月4週間で384，000円）。自分がその収入で満足できるのであれば、残りの週2日はやりがいと成長のために使うことができます。

週1日は、やりがいにつながることに時間を使います。自分が好きだと感じる仕事でも最初はOKです。誰かに喜んでもらえる、達成感を味わえる、自分が夢中になれる、そんな仕事があればよいでしょう。例えば、先ほどの開発者であれば、自分がつくりたかったシステムやアプリを開発するということなどです。時給は低くても問題ありませんし、なんならボランティアでもよいくらいです。

そして、**もう1日は成長のための仕事に使います。**成長できるチャンスがあれば、積極的にチャレンジしましょう。たとえ失敗しても、気に病むことはありません。私自身、会社員時代に辛い失敗は何度もありました。ただ、今思うと、失敗した時ほどいろんなことを学んでいます。チャレンジとは、成功確率は50～70％程度です。高確率で失敗するわけで、失敗がないということはチャレンジしていないとも言えます。その過程で得られた経験こそが財産になりますし、未来の高い価値に変化していきます。最高時給が上がる材料になります。先ほどの開発者の例で言えば、新技術を活用した開発の経験を積むなどが考えられます。ポイントは、知識を得るためのインプットだけでは弱いということです。一定の時間を割き、経験することが大切です。時給は、学びながらお金をもらえるという意味では、最低時給でもよいくらいです。

やるべき仕事をきっちりと行い、楽しみながら新しいことに挑戦する。**仕事のバランスをこのように整えることで、今も将来も大事にすることができます。**求められた成果を追求する土台は信頼です。土台がしっかりとしていれば、会社を活用しながら、会社への貢献と自分のやりたいことが両立できるようになります。

03
会社員だからこそ獲得できる3つのこと

会社員だからこそ獲得できることとは何でしょうか。多くの方のキャリア相談や独立支援をしていて感じるのは、会社員としてのメリットをきちんと理解できていない人が意外に多いということです。あなたが思う以上に、**会社員にはメリットがたくさんあります。特に大きなメリットは、お金・経験・人脈の3つです。**これらを日常から意識し、獲得していくと、中長期でとても大きな価値を生みます。では、順番に見ていきましょう。

①お金

会社員として働いていると、毎月決まった給料が安定して通帳に振り込まれます。突然、給与が大幅に減額されて生活に支障が出る、といったことは基本的にありません。多少、仕事で失敗をしようが、すぐに減給とはならないでしょう。**金銭的に安定した状況で**

挑戦ができるのは会社員の特権です。個人事業主に比べれば社会保障も手厚く、銀行からも信用を得られやすいので、ローンも組みやすかったりします。会社員にとっては、あたり前すぎて気づきにくいですが、経済面での安心感があると、挑戦がしやすくなります。

②経験

仕事を通して得られる経験も価値の高いものです。人は知識だけで成功することはありません。知識がいくらあっても、経験豊富な人には敵わないからです。だからこそ、自分の求めるキャリアに向けて、社内でできる挑戦の機会に対しては積極的に手を挙げていきましょう。給与が変わらないのに挑戦するのはやり損に感じる人もいるかもしれませんが、私からすれば、**お金をもらいながら失敗してもいい挑戦ができるのはとても恵まれています。**独立すると、挑戦は無給でやることがほとんどだからです。そして、会社というフィールドがあるからこそできる経験もたくさんあります。

知識と経験をつなぐことができるのも会社の魅力です。例えば、どこかのセミナーやインターネットで知識を得たなら、ぜひ仕事の中で試す機会をつくってみてください。私も会社員時代には、しょっちゅう「試しにやらせてもらえない？」と聞いていました。ほとんどの会社では、やるべき仕事を責任を持って行っていれば、「さらに何かやりたい」と言う社員に対しては周りも応援してくれます。どの会社も挑戦の必要性を知っていますし、それを実践してくれる社員は良いロールモデルになります。

仕事のスキルには、専門スキルとポータブルスキルがあります。ポータブルとは、持ち運びしやすいといった意味があります。例えば、対人関係力や考える力などがあります。どんな職種や仕事でも活用できるのがポータブルスキルです。専門スキルは、限られた職種や仕事でしか活用することができません。どちらが上ということではありません。**あなたが築きたいキャリアに向けて、どんな専門性が必要で、どんなポータブルスキルが必要かを整理しておくことが大切**です。それを積極的に獲得しにいきましょう。

③人脈

ここで言う人脈は、気軽で、身近なものとして捉えてもらえればと思います。**お互いに応援し合いたい関係というイメージ**です。

会社員であれば、仕事を通して多くの人と知り合うきっかけがあります。同じ会社の仲間や取引先です。会社にブランド力や信用があれば、さらに多くの人とつながりをつくりやすくなります。一個人ではなかなかきっかけがありません。**これを活用しないのはもったいないことです。**もちろん、全ての人と友だちになる必要はありません。これからも付き合っていきたいと感じる人と友だちになればいいのです。

大人になってから「友だちをつくる」と言うと、身構えてしまう人もいるかもしれません。でも、**人脈づくりに必要なのは、仲良くなりたいという気持ち**です。プライベートの友人関係と同じ感覚で、出会いや都度のやりとりを大切にすれば大丈夫です。もったいないのは、仕事仲間とは仲良くなれないと考えてしまうことです。もちろん、仕事での関わりがあるので、厳しいやりとりも発生することもあるかもしれません。個人的にはだからこそ、より相手の人間性が見えるし、真に仲良くなれると思っています。ドラマや映画でもよくありますが、本音をぶつけ合った関係の方が、より強い絆になりやすいからです。

その際の**ポイントは、自ら相手に少しだけ踏み込んでいくこと**です。2つ3つの気軽な質問をして、休憩を一緒にとってコーヒーを飲んだり、一緒にご飯を食べに行ったりしてみてください。所属部署や何の仕事をしている人かなどは気にせず、気軽につながりをつくっていきましょう。フラットに付き合うことで、ビジネス抜きの親友と呼べる存在になったり、ひょんなことから仕事につながったりします。

私も御年65歳の大経営者の方と親しくさせてもらっています。本来ならば敬うべき相手であり、対等に話すのもおこがましい方ですが、お互いに気軽に冗談を言い合う間柄です。そんな関係だからこそ、何気ない時に本音や悩みを言い合うことができるのです。この時、損得勘定や営利目的で付き合っていると、深いつながりにはなりません。**あくまで人と人としての関わりを最初に築いておくことが大事**です。

これらの3つ「お金・経験・人脈」は互いに関係し合っています。会社員なら、あってあたり前と感じるものかもしれません。時には面倒や不満のタネにもなります。けれど、**会社のブランド力や社会での信用は侮ることができないもの**です。私自身、会社員時代にこの3つを充分に積み上げたことで、独立後もなんとかやってこられたと感じます。

04

自分が求めることを明確にすれば会社と対等な関係になれる

前項では、会社で得ることができる3つのことについて、その詳細を見てきました。しかし、ただ仕事をしているだけでそれらが獲得できるわけではありません。多くの人は、自分が何を求めているのかを、はっきりとはわかっていません。言葉にできていません。しかし、**自分と会社がwin-winの関係になるには、お互いの要望や希望を出し合う必要があります。自分が求めていることを明確にし、伝えていくことが大切**です。

求めていることが曖昧な場合に起こりがちな例を出しておきましょう。仕事のやりとりにおいて、上司と部下のニーズがズレていることは往々にしてあります。例えば、上司から資料作りを依頼された場面をイメージしてみましょう。同じ資料作成であっても、状況によって仕事の優先順位は変わります。正確でしっかりした資料が欲しい時もあれば、まずはスピーディにポイントを押さえた資料が欲しい時もあります。上司が優先順位を伝えないと、部下は「手抜きしたと思われたくない」と考えて、完璧を目指します。でも、スピードを期待されている場合には、これでは上司の期待には応えられません。

これは、仕事の優先順位や目的について対話していれば起きないすれ違いです。このケースでは上司の伝え方が問題でしたが、あなたが会社と良い関係を築こうとする際には、この逆が必要となります。**あなたが会社に、求めることを明確に伝える必要がある**ということです。自分の希望が曖昧だと、会社は期待に応えたくても応えられないといった事態が起こり得ます。察してくれる上司がいたらラッキーですが、運に期待せず自ら伝えることが、自分のためにも、会社のためにも必要です。

会社に要望を伝えるためには、将来の目標や方向を決めておく必要があります。短期的な要望ばかりでは、上司も応えづらいものです。会社全体の状況を考えなければならないので、希望がなんでも叶うわけではありません。中長期的に見れば応えられることは増えます。そのためにも、**自分の目標を長いスパンで捉えて方向づけていく必要があります。**

なかでも**自分の求めることを明確にするための3つの要素を見ていきましょう。**
この3つの要素を現在の仕事と照らし合わせて考えていくと、会社とどんな関係を築きたいかが整理できます。

①どんなことがしたいのか（Doing）
仕事を通してやりたいことや実現したいことを、具体的に書き出します。

例えば、メンバーがやりがいを持って打ち込める組織をつくりたい、顧客のこの課題を解決するサービスをつくりたい、女性のキャリア形成を支えたい、などです。

②どういう自分になりたいのか（Being）
自分の理想とするあり方を考えていきます。どんな人間になりたいか、どんなスキルや専門性を持っていたいのかを書き出します。

例えば、周りの人を励ませるような人になりたい、気軽に相談ができる安心感がある人になりたい、などです。

②何を持ちたいのか（Having）

これから自分が手に入れたいものを明確にします。

例えば、マネージャーになりたい、安定した収入を確保したい、などです。

自分の求めることを明確に会社に伝えることで、会社との関係は変わってきます。社員からの要望がなければ、会社側は、会社都合の要望を出すことしかできません。**社員の要望を理解できると、その実現を応援しようと考えてくれる上司が出てきます。**できる上司ほど、部下の希望に前向きに応えていくことが、本人にとっても組織にとっても良い結果をもたらすことを知っているからです。

また、**要望をはっきりさせることで、手放せるものも明確になります。**全ての物を手に入れることも、全てを頑張ることもできません。仕事の中でもメリハリをつけ、力を入れるべきところ、最低限のラインでとどめておくところが見えてきます。

希望を伝える際は、会社の理念や風土を理解しておくのもポイントです。

理念とは、会社が大切にしたいと考えていることです。企業の根幹であり、憲法のようなものでもあります。だからこそ、**会社の理念や風土に合わせて、自分の目標や要望を設定すれば、会社は断りにくくなります。**

例えば、理念に「挑戦」と掲げている会社であれば、あなたが挑戦することに対して応援してくれるはずです。そういう社員が増えることを望んでいるからです。仮に、お題目として掲げてあるだけの場合でも、反対はしにくいはずです。理念に「地域貢献」とあれば、地域住民を巻き込んだイベントや取り組みに対して、理由なく嫌がることはないはずです。そこを起点として、自分の希望に合う動きをつくれれば、会社にも自分にもメリットがあります。

会社と対等な関係を築くためには、自分と会社、双方の要望を理解することが大切です。互いがすり合わせをして、求められる形で提供し合えれば、より価値を生み出すことができます。

05

「じぶん評価基準」をつくる4つのステップ

ここからは、「じぶん評価基準」をつくる方法を、より具体的に見ていきます。4つのステップにまとめて説明していきます。この基準が自分なりの軸となり、長期目標を考える時の支えになってくれます。

【Step1】10年後に実現したいことを100個洗い出す

目標や理想は、まず言葉にすることが大事です。言葉にしておくと、脳に深く刻み込まれます。自分ではっきりと意識することで、チャンスが目の前にきた時に、思い切って行動が起こせます。

実際に実現したいことを100個出そうとすると、3時間くらいかかります。大小を問わず、とにかく数を出していきます。最初は皆、できそうなことばかりが出てきます。30

〜50個くらい挙げていくと、次第に、できないけれどやれたら嬉しいことが出てきます。今の自分には難しくても大丈夫です。**妄想レベルでよいので、どんどん出していきましょう。**

詳細は次項に記載しているので、そちらを再度ご確認ください。

【Step2】自分のやりたいことを2つに絞り込む

次は、**100個洗い出した中で、やりたいことを2つに絞り込みます。**自分の人生において大切なことを選んでください。100個ある中から残った2つは、かなり重要なものであるはずです。自然と、実現のためにはある程度の努力が必要になります。できるかどうかは微妙なことが多く、選ぶ時には不安を感じます。しかし、だからこそそれを「やる」と決めてしまえばやりたくなるものです。

【Step3】やりたいことの10年計画を逆算で設定する

もともと10年後にやりたかった目標を、達成するために細分化していくステップです。

通常は、今できることを積み上げて考えてしまいがちですが、**逆算して考えることがポイ**

ントです。10年後に向けて、5年後までにどうなっていればいいかをまずは考えます。そのためには、2年後にどうなっていればいいか、1年後・半年後と考えます。逆算して考えていくことで、「今どうするべきなのか」「どんな努力が必要か」が明確になります。

【Step4】「自分のやりたいこと」と「今の会社で経験できること」をつなげる

10年後の目標の中で、**未来のキャリアと関わる部分は、現在の仕事と重ね合わせていくことが大事**です。自分の目標が明確にあり、毎日そのことについて考えていれば、日常の中にキャリア実現に向けたヒントが見つかりやすくなります。仕事の中にそのヒントを積極的に掴みにいきましょう。自分の人生目標や実現したいキャリアに関係するとなれば、その仕事により一層真剣に取り組めるはずです。

人は、やれるかどうかわからないことに対しては、延々と悩んでしまいます。ただ、それは実際にやってみなければわかりようがありません。一方で、**「やる！」と決めたことに対しては、どうやってやるかを考え始めます。**迷う時間がなくなり、努力と工夫のために時間を活用できます。

私が運営するコミュニティの自己実現プログラムでも、「やる」と覚悟を決めるパワーを実感することができました。10年後に「愛についての本を出版したい」と目標を掲げたMさんは、逆算で目標を設定していきました。そして、当初2年後の目標として「愛についてのワークショップを開く」ということを掲げました。しかし、Mさんにとって本当にやりたいことであり、そのために「やる」と覚悟を決めていたので、私が「その目標を1ヶ月後に実現してみよう」と提案すると、嬉しそうに「やります」と言って、実際に1ヶ月後にはワークショップの開催を実現してしまいました。教材作成はゼロから、集客は少し支援しましたが、これが「やる」と決めた人間のパワーです。

ちなみに、迷いをなくすためにまず行ったことは、1ヶ月後のワークショップの開催日を告知するということです。日時が決まれば、やるかどうか迷っている暇はありません。あとは、どのように実現するか工夫するだけです。

とはいえ、Mさんも最初からやる気に溢れていたわけではありません。最初はできるかどうか不安で、「いや〜、それは、どうでしょう」と二の足を踏んでいました。けれど、ある時に、スイッチが入った瞬間がありました。**大事なのは、いかに自分のスイッチが入るようにするか**です。自己実現プログラムの中で感じたスイッチを入れるポイントは、仲間をつくることです。仲間と、やりたいこと100個をシェアしたり、夢に向けたストーリーを話したりすることが味噌です。仲間が頑張る姿や、仲間の情熱に触れることで、1人では諦めがちなことが、できそうな気になります。

「じぶん評価基準」をつくる方法は非常にシンプルです。きちんと時間をつくれれば、1人でできます。**ぜひ、まずは時間をつくるところからやってみましょう。**1人だとズルズルしがちな人はぜひ仲間を募ってやってみてください。仲間がいない方は、私のコミュニティに参加してもらうと、8週間でグイっと進む仲間とプログラムがあります。

「じぶん評価基準」を持つことで、会社に左右されず、自分の目標や軸をもとに、キャリアをつくっていくことができるようになります。それは、他者の評価で生きるのではなく、自分の大切なことを評価基準にするということになります。会社の評価で一喜一憂せず、自分らしく働くためのスタートでもあります。ぜひやってみてください。

06

「じぶん評価基準」のステップ①自分の欲望をリストアップしよう

「じぶん評価基準」の第1ステップは、やりたいことリストを作成することです。

まずは、**やりたいことを100個記入します。**10や20では足りません。100個考えてくださ い。100個も考えていると、本当にいろいろなものが出てきます。「女性にモテたい」「六本木のタワマンに住みたい」「美味しいオムレツが食べたい」など。他人から見たら「なんだそれは」とツッコミたくなるようなことも出てきます。

次は、**そのリストのそれぞれについて、深掘りしていきます。**欲望と真剣に向き合っていくと、自然とやりたいことが変化していきます。最初は「六本木のタワマンに住みたい」と漠然と思っていた人が、深掘りをしていくと、例えば、周囲に認められたいという願いが出てきます。承認欲求が1つのカタチとして表れていたことに気づくことができます。ここまで深掘りできると、人に認められる方法は他にないか、自分には何ができるかを具体的に考えていけるようになります。

この時に、曖昧なイメージのものをより具体的に定義していくことが大事です。**数字に落とし込めるものは、数字で表現していきます。**お金持ちになりたい！という欲望があるなら、どれくらい稼ぎたいかを明確にします。都心のマンションに住みたいし、月に数回は高級なお店で美味しいものが食べたいとまで考えると、年収がいくら必要かが見えてきます。自分の望むことに向けて、年収1000万は必要だろうか、どうやったら稼いでいくことができるだろうか、と突き詰めていくことができます。

欲望を叶えるために、達成する日程を決めてしまうのも有効な方法です。海外旅行に行きたいなら、○月○日に行くと決めてしまいます。泊まるホテルや飛行機も決めて予約します。そうすれば、実際に必要なものや金額がはっきりし、日程を空けるためにはどんな下準備が必要かを考えるようになります。具体的になることで、するべきことが見え、実際に行動に移すことができます。

ちなみに、自分の欲望に蓋をしていると、チャンスを自分から遠ざけるような行動を取ってしまいます。100個も出すには、できるかできないかは無視して考える必要があります。だからこそ、本音ベースのしたいことが出てきます。コンプレックス打破に関わるものや、失敗したらプライドが傷つく、怖くて挑戦できなかったものがいくつもあるはずです。努力なしでは実現できないものが出てきます。**苦労してでもやりたいことが出てきたら、それは本物**です。

人には軽々しく言えない、本音に根付いた欲望こそ、実はパワーを持っています。自分の欲望とも真剣に向き合って決めた目標は、簡単に忘れたりブレたりすることはありません。アシのようなしなやかな強さがあります。

設定した目標に向けて前進していくためには、評価をうまく使うことが大事です。会社に人事評価の仕組みがあるのは、目標達成に向けて効果があるからです。**自分を評価する時にも、会社が行う評価方法が良いヒントになります。**

会社の評価には、行動評価と成果評価があります。

行動評価は、発揮能力を評価します。**マインド（取り組み姿勢）やスキルの発揮度がそれにあたります。**専門用語でコンピテンシー評価というものがありますが、これは一時期外資系企業を中心に人事評価のトレンドになりました。高業績者の行動特性を評価するというものです。偶然ではなく、再現性高く成果を上げる行動を評価します。

成果評価は、目標管理制度を活用して実施している組織が最も多いです。**仕事の成果を半期ごとに目標設定し、その達成度を評価するという手法が一般的**です。目標が適切に設定できると、評価が非常にしやすいという特徴があります。

先ほどの自分の目標に対しても、この2つの評価方法が活用できます。簡単にでもよいので、**自分なりの評価基準を設定することで、目標の達成率が上がります。**そして、継続的に成果を出すために必要な行動（考え方やスキル）を整理し、達成したい成果は具体的な数値で置いてみましょう。日々、どのような行動をしていくのか、その結果としてどんな成果を出していくのか、自分自身で評価することができるので、実現率が格段に上がるはずです。

07
「じぶん評価基準」のステップ④ 今の仕事を自分の未来につなげる

まずは、第1ステップの進め方の詳細を見てきました。第2ステップと第3ステップはそれほど詳細な説明は不要なので、今回はこのまま第4ステップを見ていきたいと思います。

最初に、1つ質問をします。あなたと今勤めている会社との関係はどんな感じですか。会社に対して信頼はあるでしょうか。また、会社から信頼されているでしょうか。これから未来に向かって、**あなたがやりたいことをしていく上で、今の会社との関係と向き合うことは非常に大切**です。なぜなら、今いる会社との関係に、組織との向き合い方のスタンスが表れるからです。あなたのスタンスが同じであれば、良くも悪くも未来も同じようなことが起こります。

ここでは、**会社との関係づくりで押さえておくべきポイントを見ていきます。**フラットな関係ができると、やりたいことがやりやすくなります。

まず1つ目は、**会社からあなたへの期待をリストアップし、自分のやりたいこととの関係を見える化します。**会社はどんなことを今のあなたに期待しているでしょうか。売上の拡大、後輩の指導、仕事の効率化、ミスの軽減など、これまで曖昧にしていた部分を明確にします。同じ立場の人であっても、仕事内容は意外と異なっていたりします。その違いを見つけて、自分に求められていることは何かを確認していきます。

会社に求められていることを整理したら、その中で、自分が将来やりたいことにつながることはないかを探します。ここでのポイントは、今したいことかどうかではなく、理想のキャリアに向けて、必要な経験を積めるかという視点で探すことです。すると、結構、必要なことが出てきます。例えば、将来広報の仕事をしたいと考えていたとすると、自社の良いところを見つけることや社内の各部署に親しい人がいることは、大きな財産となります。であれば、組織横断プロジェクトの仕事や営業として顧客に自社の良さを伝える仕事は、そのための経験を積む良い機会になります。このように、やりたいことにつながる経験は何かを探すのがオススメです。

2つ目は、**自分のやりたいことに向けて、社内でモデルになる人や関わりたい人を整理してみること**です。将来なりたい役割を担っている人、必要だけど自分が苦手にしている分野の専門家、自分に必要なネットワークを持っている人、人間的に尊敬できる人など、これまで関わりが少なかった人の中に、自分の将来に必要な人がいたりします。

その人と接点がない、と感じるかもしれませんが、同じ社内で働いている、というだけで大きなアドバンテージです。**同じ会社の人であれば、思っているよりも簡単に接点をつくることができます。**その人のデスクの近くをうろうろしたり、メールや電話でコンタクトをとったりしてもよいでしょう。上司や共通の知り合いに頼んでつないでもらうというのもありです。そもそも、頼られたり、興味を持たれたりすることを嫌がる人はいません。敬意を持って、でもある意味、厚かましく頼りにいきましょう。これは会社という組織に属している特権と言ってもよいでしょう。

3つ目は、**実際に指示を出してくる上司が期待することを丁寧に確認すること**です。仕事の指示や目標を表面的に捉えていると、どうしてもズレが起きてしまいます。**ポイントは、目標の背景や意図を聞くこと**です。背景とは目標を設定した状況や前提条件のことです。意図とは、なぜその目標が必要なのかの理由です。目標しか聞いていないと、工夫する余地があまりありません。しかし、**背景や意図を把握していると工夫ができます。**そして、**あなたのやりたいことのタネを蒔いていくことが可能になります。**

例えば、「売上の目標を1000万円」と示されただけでは、その具体的な背景や意図はわかりません。新規開拓をして1000万円を達成したいのか、リピーターを増やしたいのか、サービスの質を上げて単価を上げたいのか、アプローチ方法はいくつもあります。もし上司に背景や意図を確認できれば、よりフィットした動きができます。「もっと個々のお客さんに深く入り込むことで、かゆい所に手が届くような寄り添ったソリューションを提供したい」といった明確な意図があれば、売上目標へのアプローチも、個々のお客様にキチンとヒアリングをして、心を通わせながら寄り添うアプローチを工夫できます。**意図を確認するだけで、仕事への取り組みや提案が変わっていきます。**より方向性が一致した具体的な提案が可能になり、働く上でも自信を持って取り組むことができます。

そして**最も大切なのは、背景や意図を常に理解することで上司との関係が驚くほど良くなるということ**です。だからこそ、あなたのやりたいことをそこに一緒に組み込んでいくことができます。上司の意図をはっきりさせることによって、その過程における選択肢をぐっと広げることができるのです。その意図に沿ってさえいれば、自分のやりたいことや得意なことでアプローチすることができます。

もし、なかなかやりたい仕事ができない、やりたいことをさせてもらえない、と感じているなら、会社や上司の目標とその理由を再確認してみてください。合わせて、自分のやりたいことも明確にします。**会社と自分のやりたいこととその理由を明確にして、ニーズの合致ポイントを見つけていきましょう。**主体的な思考や行動こそが、今の会社の中にあるやりたいことを見つけ出すヒントになってくれます。

第6章

評価される人になるための「とっておきの習慣」

01

ラクして成果を出すための「習慣化の4つの技術」

人に評価してもらうためには、何が必要でしょうか？ 努力や出した成果で評価されるのは当たり前のことです。しかし、苦労や努力をしているように見えないのに、確実な成果を出している人もいます。彼らが行っているのは、**良い習慣を身につけること**です。

日常生活の行動は、30〜50％が習慣的な行動だと言われています。習慣は、言い換えれば意識せずにできることです。その行動を起こすために、「意志の力や努力は不要」です。**習慣をコントロールすることで、人生の方向性をコントロールすることができます。**

良い習慣をたくさん持っている人は、自然と成果を生み出すことができます。

例えば、営業を仕事にしている人の場合、「出会った人には積極的にあいさつをする」

「会った人にはすぐにお礼状を送る」ということが習慣になっていたらどうでしょうか。本人にとっては当たり前で無意識の行動により、多くの人とのつながりができているはずです。多くの人と良い人間関係ができれば、いずれ結果が出てくるでしょう。

良い習慣には、以下のようなメリットがあります。

①成果に向けて着実に前進できる
②自動的に行動を継続できる
③意思決定が減り、行動がラクになる
④自信が強化される

しかし、良いことだとわかってはいても、新しい習慣はパッと身につくものではありません。仕事柄、いろんなセミナーを受講した感覚をお伝えすると、学んだことをセミナー後に行動に移せる人の割合は2割程度です。そして、その行動を継続できる人はその2割くらいです。つまり、セミナーでの学びを習慣化できるのは全体の約4％といった印象です。それくらい、続けることは難しいことでもあります。

では、どうすれば習慣化できるのでしょうか。習慣化にはコツがあります。習慣化は難しいと思いがちですが、コツさえ掴めば、誰でもムリなく身につけることができます。習慣化は技術であり、学べるということです。

この章では、習慣化のための4つのコツを紹介します。

①可視化する：毎日できたかどうかを◯×で記録する
②簡易化する：難易度はとにかく低くする
③条件化する：すでに習慣になっていることの直後に新しい習慣行動を行う
④累積化する：三日坊主はOK。できない日があっても続ける

1つ1つ見ていきましょう。

【習慣化のコツ①】可視化する

習慣化したい行動は、「できたか・できなかったか」を記録することが大事です。自分の頑張りが見えることで、達成感を感じられるからです。この達成感を得るためにも、目

標にする習慣は毎日繰り返せる行動レベルのものにしましょう。毎日レベルで最初は意識をしないと、日常の忙しさでそもそも習慣化した行動を忘れてしまいます。毎日は難しくても、**週に4回以上はできるものが習慣化しやすい**と言われています。次第に、ゲームをクリアしていく感覚で楽しめるようになります。ぜひ、毎日○×判定の記録をとって楽しんでみてください。

また、**記録自体を目につきやすいところに置いておくのも有効な工夫**です。リビングの壁や、スマホ画面の一番目に入るところに設置すると、忘れることを防げます。

【習慣化のコツ②】簡易化する

2つ目のコツは、**習慣化する行動をとにかく簡単にすること**です。人は、行動を始める時が一番面倒に感じます。行動をするための手間は、1つでも多く減らしていきます。例えば、読書を習慣化したい時は、目標は「1日1ページ読む」で大丈夫です。1ページでも読めれば、記録に○をつけて、達成感も得ることができます。もちろん、そのまま読み進めてもOKです。ただし、1日に30ページ読んでも、翌日も1ページは必須です。

目標は、拍子抜けするほど簡単に設定し、とにかく行動を始めることが大事です。本を手に取りやすい場所に置いておく、というのも簡易化のための工夫の1つです。簡易化することで最初の行動を起こしやすくなり、習慣化につながります。面倒くさいというのが習慣の敵だからです。

【習慣化のコツ③】 条件化する

次のコツは、**行動のきっかけを決めておくこと**です。いつ、その行動を取るのか、条件を明確にしておきます。例えば、「朝の歯磨きの後」や「通勤電車の中で」など。**すでに習慣になっていることの直後にセットにすることで、新しい習慣行動を身につけやすくなります。**

条件化せずに、いつでもいいとなると、行動を起こす度に判断が必要になり、面倒に感じてしまいます。判断の回数が増えると脳に疲れが起こり、つい楽な方へと流れてしまいがちです。行動を起こすシチュエーションを明確にすることで、迷いなく習慣行動を起こすことができるようになります。

【習慣化のコツ④】累積化する

最後のコツは、**行動回数を累積することが大切と捉えること**です。

「三日坊主」と聞くと、悪い印象がありますが、たとえ習慣が途切れても落ち込む必要はありません。またやり直せば大丈夫です。一番良くないのは、習慣が途切れてしまったことで自分を責め、そのままやらなくなってしまうことです。**小さい目標を途切れ途切れでも続けていくこと**。その積み重ねで習慣を身につけることができます。

これら、4つのコツを押さえることで、習慣化は格段に成功しやすくなります。

習慣化には一定の期間、意識して取り組む必要があります。2009年に行われたロンドン大学の研究では、習慣化に必要な日数は平均66日です。その期間、意識して行動を取ることで、自動的に行動できるようになった、という結果が出ています。つまり、**1つのことを習慣化するには、8週間〜9週間、積み重ねることが目標**です。

日常に良い習慣を増やしていけば、惰性で過ごす時間はだんだんと減っていきます。成長や成果を当たり前のこととして達成できるようになります。

02

人生の成果を左右する【プライオリティの習慣】

ここまでで、習慣がいかに大切かは理解できました。また、いつもは三日坊主で諦めていた習慣づくりの仕方もわかりました。では、どんな習慣を身につけることが、ラクして成果を上げるために必要でしょうか?

結論をお伝えすると、それはたった1つです。それは、**「プライオリティの習慣」を身につけること**です。これで、あなたのビジネス面だけでなく、人生が大きく変わります。プライオリティとは優先順位のことです。あなたが最も実現したいことの優先順位を上げるだけで、あなたの欲しい成果につながります。具体的には、出したい成果に向けてきちんと時間を使うだけです。

プライオリティマトリクス（優先順位）

		緊急度：高い	緊急度：低い
重要度	高い	第1領域 **必須業務**	第2領域 **価値業務**
重要度	低い	第3領域 **錯覚業務**	第4領域 **無駄業務**

プライオリティについて理解する上で、外せないのが「時間管理のマトリクス」という考え方です。これは『7つの習慣』の中でも登場する考え方で、成功者は必ず実践しているものです。このマトリクスでは、4つの領域を活用して考えます。縦軸は重要度で、横軸は緊急度です。あなたの仕事（タスク）をこの4つに分けて整理します。

この4つの領域の中で、成功者とそうでない人を分ける領域はどこでしょうか。

よくある回答は第1領域です。たしかに第1領域は緊急性もあり、重要度も高いので最も大切です。ただし、ここでは差がつきません。なぜなら、ここは誰でもやるからです。そもそもここをやらないのは、論外です。

では、**差が生まれるのはどこかと言うと、第2領域です。**緊急性がないことは、人はさぼります。やりません。だからこそ、自分自身をセルフマネジメントすることが必要になります。例えば、経理の仕事をしている人が、将来の出世のために簿記や税理士の資格を取ることが有効だとした場合、勉強しないといけません。ただし、この資格の勉強には、緊急性はありません。今は努力しなくても特に困らないわけです。でも、この緊急性はないが重要なことをコツコツやり続けると、将来大きな差になります。

成功者は必ずこの第2領域に一定の時間を使います。だから成功します。

そして、目標設定シートを1万枚以上見る中で発見したのは、**目標を達成する人は目標達成に必要なことに時間を使っているというシンプルな事実**です。当たり前だと思うかもしれませんが、目標が達成できない人や成果を出せない人のほとんどは、能力不足を言い訳にします。でもほとんどの場合、能力不足の前に、目標実現のために時間を使っていません。私の感覚では、未達の原因の7割はこれです。

なぜ、時間を必要なことに使えないのでしょうか。

それは忙しいからです。正確に言うならば、忙しいということを言い訳にしているからです。時間管理のマトリクスで言えば、第3領域や第4領域ばかりやっているからです。どうでもいいメール対応や雑務ばかりやって、仕事をしたと錯覚しているのです。

まず、あなたがしないといけないのは、**あなたにとっての第2領域の仕事は何かを見える化することです。そして、勇気を持って、第4領域の仕事を捨てることです。**設定した目標の達成に必要なことを洗い出し、そこに最も多くの時間を使うのです。

もちろん、緊急性のないことに時間を使うには、強い意志の力が必要です。だからこそ、習慣の力を活用することが大切です。これだけで、成果が大きく変わります。

03

成果を出すために必要なことは、能力ではなく時間投下

前項でもお伝えしましたが、成果を出すための最大のコツは、「必要なことに必要な時間を使う」ということです。人生を充実させたかったら、あなたにとって最も大切なことに最も多くの時間を使えばよいのです。成果を出そうと思ったら、成果につながることに最も多くの時間を使えば、成果は出ます。まずは、必要なことに一番時間を使うことが、目標の達成につながりますし、最短での評価につながります。

目標達成のために必要な習慣は、とてもシンプルです。**『毎日、第2領域のために使った時間を記録にとる』**。これだけです。この第2領域（緊急性はないが重要なこと）に取り組むには、大事なことが2つあります。

①自分にとっての第2領域が何か理解している

何が第2領域になるかは、人によって違います。あなたにとっての第2領域は、あなた自身が考える必要があります。プライオリティのマトリクスを知識として知っているだけでは行動を変えることはできません。そのために**必要なのは、あなたにとっての第2領域を言葉にしてはっきりさせること**です。

②第2領域に時間を使う

そもそも目標達成に必要な時間をかけていなければ、達成できないのは当たり前です。能力不足が問題になるのは、あくまで必要な時間を使った後です。**時間を使えているか、使えていないかというシンプルなことが、目標達成に直結しています。**あなたの過去を思い出してみてください。新年の抱負や目標が達成できない時というのは、時間投下ができていないことがほどんどのはずです。

『毎日、第2領域のために使った時間を記録にとる』というシンプルな習慣を身につけると、この2つが大きく前進し、目標達成や成果創出がラクにできるようになります。

実際にやることはとても簡単です。**毎日、第2領域にかけた時間を計って記録をつけるだけ**です。最初は、1日に15分も使えていないことがほとんどです。もし、全く時間をとれていなければ、0分と正直に記録します。まずは、現状を客観的に把握することが大切です。続けていくと、0分が15分になり、15分が30分、2時間となっていきます。要領はダイエットと一緒です。ダイエットなら毎日体重を測ります。毎日事実を認識することで、ちょっとだけ頑張りたくなります。「ちょっとだけ頑張りたくなる」が、肝です。

1〜2週間くらいで、第2領域の時間を意識できるようになってきます。意識するだけで、30分〜1時間は使えるようになります。その後は、少し工夫が必要です。オススメは、**自分にとっての無駄な時間をリストアップし、それをやらないと決めること**です。リストアップすると、意外に多くの時間を無駄なことに費やしていることに気づきます。

応用編としては、「早起きして、朝の時間をつくる」や「苦手なことや自分でなくてもいいことは人を頼る」という工夫などもあります。継続するために、1週間ごとに目標達成に対するご褒美を設定するのもオススメです。楽しみを持つと続けやすくなります。

継続力がない場合は、目標達成のための仲間をつくるとよいです。仲の良い友人や同僚、家族や恋人に共有することで、モチベーションが維持しやすくなります。

ちなみに、私が運営している「夢達成の8週間プログラム」では、結構きついことも仲間で励まし合うコミュニティがあるので、みんなやり切ります。少人数でグループをつくり、毎日夢のために使った時間を報告し合います。すると、すべてのメンバーが、第2領域に使う時間が増えるという結果になりました。週に2時間程度しか使えていなかった人が、8週間後には週20時間を普通に超えます。夢の実現スピードが10倍になります。勝手に自分で限界を決めていることに気づいたりもします。

目標達成のために重要なことは、能力よりもやるかどうか、です。**習慣化して行動することが当たり前になれば、成果は自然とついてきます。**そのために、特別な努力や能力などは必要ありません。まずは、時間を記録するだけです。今日からすぐにやってみてください。あなたの人生が変わります。

04

毎週10分で効率的に成果を生み出す【戦略的PDCAの習慣】

「成果を出すためにはPDCAが大事!」ということは、あなたも理解していることだと思います。しかし、PDCAを使い倒している人は、私の経験上は本当に少数派です。なぜ活用できていないのでしょうか。

人事コンサルタントとして、多くの方の声を聞いてきましたが、多いのは3つです。

「正直、考えるのが面倒くさい。目標も計画も、そして振り返りも負担に感じる」
「目標や計画を立てても実行できないので、自信がなくなって嫌だ」
「日々忙しいので、そんなことをやっている暇はない」

実際には、慣れてしまえば、**1週間に10分程度の時間をとることで、PDCAを回すこ**

とができます。そして、このたったの10分が絶大な効果を生み出します。目標を立てることでやる気が生まれ、振り返りをすることで自分の行動の改善ができるようになります。そして、日々の頑張りが中長期での目的に連動することで、前進している安心感を得られるようになります。

例えば、3人のビジネスパーソンをイメージしてみてください。1人目は、ただなんとなく出社して、目の前の仕事をこなす人。2人目は、1日の目標を立てて、タスク管理をしている人。3人目は、毎日の目標を立て、さらに目標の振り返りを行っている人。こんな3人がいた時、1か月後、半年後に成果を出しているのは誰でしょうか。

上司の立場から見ても、3番目のタイプのメンバーは安心感があります。おかしな話ですが、目標を立て、振り返りをしているメンバーの場合、目標が未達でも「あれだけやっているなら仕方がない」と上司も思ってしまいます。

PDCAに取り組む際のメリットは、こちらの3つにまとめることができます。

【メリット① 達成意欲のアップ】

人は漠然と頑張ることは苦手です。一方、**目標が明確であれば、モチベーションが上がります。**ゲームが楽しくて、いつまでも続けてしまうのは、細かく次のミッション（目標）が設定されているからです。「あのレアなアイテムが欲しい！」「このダンジョンをクリアしたい！」という目標があることで、ゲームのやる気が継続しています。

やる気は、待っているだけでは湧いてきません。**PDCAのPを考えることで、日々の目標があなたの仕事や日常に明確な意思を持たせます。**それが張りにつながります。

【メリット② 気づきや改善アイデアの創出】

目標が達成できなかった場合、**なぜできなかったのかを振り返ることで、多くの気づきが生まれます。**改善のためのヒントが生まれます。

人にはそれぞれ個性や特徴があるため、上手くいかない場合にはその人ごとのパターンがあります。したがって、その負のループを脱却できれば、成果を出すのが非常にラクになります。

例えば、人に依頼することが苦手な人。自分でやる仕事に関しては、すぐに手をつけて完了させることができるのに、人に依頼する部分に差し掛かると、仕事が止まってしまいます。あるいは、継続が苦手な人もいます。プロジェクトを開始した時には前のめりで取り組んでいたのに、一定の期間が経過するにつれ、熱が冷め、飽きてしまいます。

これらは、本人の意識しないところで起きています。頑張って仕事をしているのになぜかうまくいかない、という状況に陥ります。**PDCAで振り返ることが、失敗しやすいポイントや苦手なことに気づくきっかけとなります。**すると、対策と改善ができます。

【メリット③　最小の努力で最大の成果】

PDCAは、うまく活用することで「自分にはちょっと無理かも」と感じるような大きな目標に向かって、具体的にやるべき行動が明確になります。毎日の行動が毎週の目標につながり、毎週の頑張りが毎月の目標につながり、さらにその積み上げが年度の目標や中期の成果につながっていきます。その際の**ポイントは逆算での目標設定**です。それにより、最小の努力で最大の効果が発揮できます。

まずは月の目標を設定するのがオススメです。1ヶ月で成果が見えるくらいのことが望ましいです。そして、次にそのために必要なタスクを思いつく限り洗い出します。出てきたタスクの中で、必須のものをシンプルに決め、その実現のために今週やることを決めましょう。最後に、週の目標を達成するために今日行うことを明確に決めます。これで成果が圧倒的に生み出されやすくなります。

そして、付け加えるなら、**毎週の目標の振り返りも欠かさず行うこと**です。週末に時間を決めて10分程度、振り返りを行います。毎日の振り返りはできていても、週の振り返りまでできている人は、ほとんどいません。だからこそ、週末のたった10分が他者との違いを生み出すポイントになるのです。感覚値ではありますが、**週末の振り返りをすることで、目標達成の効果が3倍程度になるインパクトがあります。**

前述の私の運営する「夢達成の8週間プログラム」でも、ＰＤＣＡを活用した目標達成のしくみを徹底しています。そこに参加していたMさんは、2年後に掲げていた目標をたった4週間で実現してしまいました。それくらい威力があります。

ＰＤＣＡで、頑張りを成果として残すことが容易になるのです。

05

意外と知らないPDCAを活用する際のコツ

ここまで、PDCAを活用するメリットや効果をご紹介してきました。これらのメリットを得るためには、PDCAそれぞれの段階でコツを押さえることが大切です。では、1つずつ解説していきます。

①Plan：「1ヶ月の目標」と「1週間の目標」はセットで設定する

Planは目標を立てるステップです。この時、**1ヶ月の目標と1週間の目標を一緒に設定しましょう。**セットで目標を設定することで、毎日の頑張りと1ヶ月後の成果にはっきりとしたつながりが生まれます。

ポイントは、目標を徹底的にしぼることです。やりがちなのは、あれもこれもと欲張って、複数の目標を同時に立ててしまうことです。私も欲張って中途半端になってしまうことがよくありました。すると大抵の場合、時間が足りなくなり、忘れてしまいます。前進している感じがしないので、自信ややる気も失われていきます。最初は、設定する目標は1つで充分です。成功体験を積み重ねながら、徐々に増やしていきましょう。

②Ｄｏ：「使った時間」「できたこと」「できなかったこと」だけ記載する

Ｄｏする際のポイントは、実際に使った時間を把握しておくことです。目標達成に向けては、タスクができたかどうかの前に、時間を使ったかどうかが重要です。必要なことに時間を使うコツは、スケジュール登録です。誰かとの打ち合わせやイベントは予定登録するのに、なぜか自分の大切なタスクの登録をする人は少ないです。**毎週、優先タスクをどの時間でやるかを登録し、他のことは受け付けないようにしましょう。**タスクのための時間を予定に入れておくことで、時間の確保ができ、迷いなく取り組むことができます。

③Ｃｈｅｃｋ：実行上の課題だけでなく、良かった点を褒める

次は振り返りの段階です。ここでは、**意識的に良かったことやできたことを褒めていくのがコツ**です。できなかったことや課題は自然と見えてしまいます。それればかりに注目す

ると、失敗しているような気持ちになりますよね。ここは頑張った！　これは予定通りにできた！　と褒めるところを見つけていくことが、継続につながります。

④Act：共通するできない原因への対策を考える

目標が達成できなかった原因を深掘りすると、だいたい同じパターンがあります。それは、あなたの性格や個性に由来することだからです。苦手なことを見つけるためには、あなた自身のモヤモヤした気持ちや躊躇したことにフォーカスすることです。**見栄や理想を捨てて、素直に自分と向き合うことで、対策するべきことが見えてきます。**

私自身、PDCAを活用して、この本の執筆を進めてきました。出版に向けて、毎月、毎週、毎日でやるべき目標を立てて取り組んできました。しかし、執筆がなかなか予定通りに進まない。なぜできないのかを深掘りしてみると、目の前に伝える相手がいないと、伝えたいことが思い浮かばないという自分の特性に気づきました。そこで、人に伝える場をつくりました。聞いてもらう人がいると、驚くほどスムーズに執筆が進みました。このように、**自分の特性を生かして力を発揮する上でも、PDCAはかなり有効**と言えます。

06 自分の学ぶ時間が増える【音声インプット習慣】

成果を出すために必要なのは行動の量を増やすことと、行動の質を高めることです。そのために、セルフマネジメントやPDCAについて解説してきました。実は、それ以外にもう1つ、成果を出すために大切なことがあります。それは**知識や情報の量**です。

成果を出す人が行っていることは、たった3つの要素に凝縮されています。

①アクション（行動する）
②アウトプット（考える）
③インプット（知る）

とてもシンプルですよね。**大切なのはまずは行動量です。**成果を出す人は、アクションの量が圧倒的です。ただ、インプット量から入る人が多くいます。これは順番が逆でもったいない。知識がいくらあっても、行動が伴わなければ、成果は出ません。また、行動の質に最初からこだわる人もたくさんいます。でも質にこだわるのは、量が確保できた後です。最初から質にこだわりすぎると、行動量が減ってしまいます。まずは量が必要です。

行動の質は、どんなアクションが効果的かを考える力に支えられています。つまり、アウトプットの質です。そして、**アウトプットの質はインプット量に支えられています。**たくさんの知識や情報があるほど、アウトプットの質は上がります。

インプットには2つの軸があります。1つは知識の深さ、もう1つは知識の広さです。知識を深めて専門性を持つには、本やセミナーでじっくりと学ぶのが有効です。一方で、知識の幅を広げるためには、情報をたくさん浴びることがオススメです。

現代は、とにかく情報が溢れています。**大切なのは、自分に必要な知識に到達するための「検索キーワード」を知っていること**です。教養（知識の広さ）を高めることで、自分に必要なことに到達しやすくなります。同じツール（検索エンジンやチャットGPTなど）が活用できるにもかかわらず、到達できる場所は人によって全く異なります。

では、教養を広げるために何ができるでしょうか。それが、**音声メディアの活用**です。音声情報の良いところは、何かを「やりながら」情報を得ることができる点です。

本や動画でインプットする場合、目を使う必要があります。すると、他のことを同時に行うのは難しくなります。しかし、**音声情報の場合は、身支度を整えたり食事の支度をしたりする時間もインプットができます。**ある意味、一石二鳥での時間活用ができるわけです。私の場合は、朝起きたらまずVoicyを聴き、筋トレやウォーキングの時間も音声情報を聴いています。1日に1～2時間は情報を浴びていますが、負担になっていません。

「インプットに集中しなくていいのか」と思う方もいらっしゃるかもしれませんが、ながら学習で充分です。なぜなら、幅を広げるためのインプットだからです。

もちろん、自分の専門分野や強みはつくった方がよいです。ただし、すべての分野で、あなたが専門家になる必要はありません。**自分の好きなことや得意なことだけを深め、他**

のことは、得意な人を見つけて任せてしまう方が、効率的で質が良い仕事ができます。

音声メディアとは、例えばVoicy、Podcast、Spotify、StandFMなどです。YouTubeを音声だけで聴いてもよいでしょう。多くのサービスがあるので、あなたに合うものを見つけてみてください。**情報に触れる環境を積極的につくっていきましょう。**

その時、**人軸が重要**になります。誰の発信を聴くのかにより、インプットが変わります。あなたが学びたい分野の専門の人で、相性が合う人を探しましょう。最新のトレンドをいち早くキャッチしている人をフォローするのもオススメです。音声情報の魅力の1つは、そのスピード感とも言えます。また、その分野の有名人と仲良くなるにも、音声メディアは効果的です。音声メディアでは比較的フォロワー数が少なく、日々更新することが多いため、名前を憶えてもらいやすいという傾向があります。

音声でのインプットの習慣があれば、ラクに知識が増えていきます。そして、自分とは違う視点が常に入ることによって脳が活性化し、成果を出す土台ができます。

おわりに

自分の人生は自ら切り開ける

最後までお読みいただき、ありがとうございました。

本書を通じて、私が最もお伝えしたかったことは、「自分の人生やキャリアは自ら切り開ける」ということです。そして、そこで大切になるのが「関係の質」です。人は、関係性の中で生きています。私自身、関係の質が人生の質だと思っています。良くも悪くも、関係性から多くの影響を受けます。そうであれば、関係の質を自らの意思に基づいて育むことができるようになれば、あなたも自分の人生を自分の望むカタチに近づけることができます。

人事評価の専門家として20年以上に渡り、多くのクライアント企業と向き合ってきました。その中で悲しく感じることは、多くの社員や管理職が頑張っているにもかかわらず、人事評価に納得していない人があまりにも多いということです。人事評価を諦めています。誤解を恐れず言えば、評価する上司との関係を諦めています。たしかに、上司の側にも問題はあります。では、上司は頑張っていないのでしょうか。実は、マネジメント力は発展途上ですが、上司も歯を食いしばりながら頑張っているケースがほとんどです。

「上司も部下も頑張っているのに、なぜこんな状況が生まれるのか」を考え始めたことが、本書を執筆するきっかけになっています。その理由は本書でもお伝えしていますが、上司と部下の立場の違いや、人事評価へのネガティブなイメージが大きく影響しています。

この呪縛から解き放たれることが社会にとって必要ですし、あなたは既にそのための鍵を手に入れました。あとは、社内外で実践するだけです。願わくは、会社の評価に一喜一憂しないための、「自分の軸」をもとにしたキャリアが形成できることを願っています。

そして、本書は、あなただけでなく、上司である管理職の方にも読んでもらいたいと思っています。なぜなら、上司自身も評価の本質的な捉え方を学ぶ機会がほとんどないからです。ほとんどの評価者研修では、教科書的なことしか教えません。評価の仕方等のテクニカルなことが中心です。「上司は完璧でいるべき」という考え方が前提です。でも、上司もひとりの人間であり、でこぼこがあります。関係性という側面から、上司の立場を踏まえたアプローチが不足しがちです。だからこそ、悩んでいる上司がいたら、ぜひ本書をお薦めください。完璧な上司になろうと頑張って、もがいている人にこそ、1人では気づけない発見があるはずですし、そんなサポートは非常に嬉しいと感じるはずです。

繰り返しますが、評価とは手段です。あなたのキャリアや人生を大きく変えるためにも、評価の捉え方が重要になります。主役はあなたであり、あなたの夢や願いを叶えていく上で、上司から応援されることが力になります。上司だけでなく、これから関わる人が、「評価される人になる技術」を活用することで、応援してくれます。そして、あなたもそんな仲間の応援をたくさんしていることでしょう。そんな応援し合う関係がいたるところで起これば、私も本望です。

最後になりますが、本書を執筆するにあたっては、たくさんの方のお力添えをいただきました。

出版のきっかけを与えてくださったネクストサービス株式会社の松尾昭仁さん、大沢治子さん、宮川直己さん、常に的確なご助言をくださったぱる出版・編集担当の岩川実加さん、クライアントの経営者や社員の皆様、そして日常から応援してくださっている仲間の皆様に、心から感謝申し上げます。

そして誰よりも、数多ある「評価されるための本」の中から、本書を手に取って読んでくださったあなたに、心からのお礼を申し上げます。読者限定特典をご用意しましたので、巻末のＱＲコードより、アクセスください。

あなたの「キャリア（仕事）とそこでの関係の質」が、感動的によくなる未来を祈願しています。

岡田洋介

岡田 洋介（おかだ・ようすけ）

株式会社アクティベーションコンサルティング 代表取締役
人事評価コンサルタント、経営人事コンサルタント、組織開発コーチ（日本で約200名のORSCC有資格者）

早稲田大学商学部卒業後、日本ブレーンセンター（現：エン・ジャパン）に入社。約100名の組織が1500名規模の一部上場企業に急成長するまで、様々な軋轢やトラブルを組織内部にて経験しながら、20年に渡りその成長を支える。在籍時は、経営人事のトップコンサルタントとして、管理職教育を含む研修実績は延べ400開催以上、人事評価に関しては延べ100社以上の指導を行う。
2018年に独立。1万枚以上の評価シートを実際に指導する中で、評価されている社員がやっていることを整理。さらに現在は、日本では200名しかいない組織開発コーチングの有資格者（ORSCC）としての活動も行い、「心理的安全性」「共感的な対話」「自分と向き合う勇気」をテーマにした研修やセッションも数多く開催している。

アクティベーション
コンサルティングHP

評《ひょう》価《か》される人《ひと》になる技術《ぎじゅつ》

2023年10月3日　　初版発行

著　者　　岡　田　洋　介
発行者　　和　田　智　明
発行所　　株式会社 ぱる出版

〒160-0011　東京都新宿区若葉1-9-16
03(3353)2835－代表　03(3353)2826－FAX
03(3353)3679－編集
振替　東京　00100-3-131586
印刷・製本　中央精版印刷(株)

ISBN978-4-8272-1406-2 C0034